SÉ TÚ MISMO

Matthew Kelly

Sé tú mismo

Disfruta siendo exactamente quien eres

EDICIONES URANO
Argentina - Chile - Colombia - España
Estados Unidos - México - Uruguay - Venezuela

Título original: *Perfectly Yourself*
Editor original: Ballantine Books, New York.
Traducción: Alicia Sánchez Millet

Aribau, 142, pral. - 08036 Barcelona
www.edicionesurano.com
www.mundourano.com

ISBN: 978-84-7953-641-1
Depósito legal: B. 38.228 - 2007

Fotocomposición: Ediciones Urano, S. A.
Impreso por: Romanyà-Valls – Verdaguer, 1 – 08786 Capellades (Barcelona)

Impreso en España - *Printed in Spain*

Índice

Llevan decenas de años diciéndonos que vivimos en una sociedad de consumo. En estos momentos, dudo que alguien ponga en tela de juicio esta aserción, pero yo tengo algunas preguntas. ¿Seguimos siendo consumidores o estamos siendo consumidos? ¿Hemos perdido algo de nosotros mismos en este consumo desenfrenado? ¿Podemos recuperarlo?

Cuando miro a mi alrededor parece que hoy en día todo tiene una marca. La proliferación de las marcas ha inundado nuestra sociedad y ha tenido un fuerte impacto sobre nuestra mente. De nuevo tengo algunas preguntas. ¿Qué fue lo que marcamos primero? El ganado. ¿Qué significaba la marca? Propiedad. ¿Las marcas nos pertenecen o nosotros pertenecemos a las marcas? ¿Seguimos siendo los consumidores o somos el producto de consumo?

Por una parte, nos enorgullecemos de nuestra individualidad e independencia, pero por otra, nos obsesiona estar integrados. Hasta cierto punto, el deseo de integración y de ser aceptados es natural y normal. Pero cuando el precio es perder de vista quiénes somos como individuos únicos y maravillosos, es que nos falta algo.

Vamos a descubrir de nuevo qué significa ser simplemente tú mismo.

1

¿Estás progresando?

Nuestras diferencias como individuos son fascinantes y maravillosas, y este libro trata de explorar y celebrar lo que nos hace únicos. Pero quiero empezar identificando aquello que impulsa nuestro deseo de ser simplemente nosotros mismos. En mi trabajo con más de tres millones de personas en los diez últimos años, muchas veces me he asombrado de lo extraordinariamente únicos que somos como individuos, pero también me han intrigado las asombrosas similitudes que existen entre hombres y mujeres de todas las edades y culturas, de todos los países y credos. La mayor de estas similitudes es lo que yo denomino «la sed»: un anhelo común en el corazón de las personas de algo más o de recuperar algo que se ha perdido, un anhelo que parece ser cada vez mayor y más profundo cada día que pasa.

Algunas personas identifican esta sed con un deseo de tener más dinero o más actividad sexual. Otras, con la búsqueda de la pareja perfecta, pensando que esa persona calmará ese anhelo de una vez por todas. Otras coleccionan posesiones o consiguen poder para apagar esa sed. Pero esta sed es insaciable. Algunas personas asocian esta sed con su necesidad de sentirse más realizadas en su trabajo. Otras notan que algo no funciona, pero aunque no sepan qué es, no pueden acallarlo y emprenden viajes con la esperanza de descubrir algo sobre sí mismas.

Tarde o temprano esta sed conduce a las personas a su crecimiento personal. Algunas se centran en la salud y el bienestar, otras en independizarse económicamente, otras en mejorar sus relaciones, y otras en la espiritualidad.

Esa sed es en realidad un deseo de ser mejor. Puede manifestarse en cientos de formas, pero todos nacemos con el deseo único de sentirnos mejor con quiénes somos. Independientemente del área de desarrollo personal en la que elijamos centrarnos en este momento de nuestra vida, existen ciertas etapas y riesgos comunes a todos. Todas ellas comparten una psicología común del cambio. Este libro trata sobre cómo entender la dinámica del cambio, el cambio que deseamos, pero que tantas veces nos elude.

Intentar adelgazar es un buen ejemplo.

Cada mes de enero se publican un montón de libros nuevos sobre dietas. Muchas personas engordan durante las fiestas, y los editores saben que su resolución de Año Nuevo será perder algunos kilos. Uno de estos libros destacará y se colocará en el primer puesto de los más vendidos. Todo el mundo hablará de él. Se presentará esa dieta como milagrosa. La gente correrá a comprar el libro. Todos lo alabarán como si, por el mero hecho de leerlo, fueran a adelgazar con la misma facilidad que una gota de sudor se desliza por nuestro cuerpo.

Lo cierto es que todos sabemos que hace doce meses se hablaba de otro libro de la misma manera. Y al año siguiente habrá nuevos y sorprendentes libros sobre dietas. Los editores de todas las editoriales de Manhattan están ahora sentados en sus mesas de despacho intentando encontrar el próximo gran éxito en libros sobre dietas.

La gente parece estar obsesionada con adelgazar; sin embargo, los habitantes de este país [Estados Unidos] son cada vez más obesos. ¿Soy sólo yo, o existe una desconexión masiva en todo esto?

Este libro trata de esa desconexión. Independientemente del área de tu vida que te gustaría transformar, quisiera mostrarte cómo podemos salvar el abismo entre nuestro *deseo de cambio* y *crear realmente un cambio sostenible* en nuestra vida.

Un momento de verdad

De vez en cuando mi amiga Meggie adopta cierta expresión en su rostro, y yo sé exactamente lo que me va a decir: «Matthew, ¡sé sincero contigo mismo!» Me encanta esto de ella. No lo dice muy a menudo, por eso cuando lo dice es por algo.

Creo que todos necesitamos esos momentos de sinceridad. Los necesitamos como individuos, como parejas, como familias y como naciones. En el área del crecimiento personal, necesitamos desesperadamente un momento de verdad. Hemos de ser sinceros con nosotros mismos.

Esta es la verdad: las dietas no fallan. Nosotros fallamos a las dietas. Los planes de ahorros no fallan. Nosotros fallamos a los planes de ahorro. Los ejercicios físicos no fallan. Nosotros fallamos a los ejercicios físicos. Las relaciones no fallan. Nosotros fallamos a las relaciones.

Esto puede parecer duro, pero hasta que no nos enfrentamos a esta cruda realidad, nunca nos haremos las preguntas realmente importantes que se esconden en el fondo de nuestra mente: *¿Por qué fracaso siempre que hago dieta? ¿Por qué no puedo ceñirme a mi presupuesto y a un plan de ahorro? ¿Por qué no puedo ser disciplinado con los ejercicios? ¿Por qué estoy siempre cambiando de pareja?* Etcétera.

Cuando empezamos a plantearnos estas preguntas, descubrimos otra verdad fundamental sobre todo el proceso de cambio.

La gente no fracasa porque quiera fracasar. La gente no empieza dietas para engordar. La gente no se casa para divorciarse. La gente no va al gimnasio para dejarlo al cabo de tres meses.

Tanto si se trata de la salud y del bienestar como de las relaciones, el dinero, la carrera o la espiritualidad, la gente quiere progresar. Tenemos un enorme deseo de crecer, de cambiar, de mejorar. *Entonces, ¿por qué no lo hacemos?* Os oigo preguntar: *¿cuál es el problema? ¿Por qué somos tantos los que parecemos incapaces de transformar nuestras resoluciones en hábitos?*

Este libro trata de aprender una nueva forma.

La razón por la que la mayoría fracasa en conseguir un cambio real y mantenerlo es porque nos centramos demasiado en el resultado y no lo suficiente en el progreso que estamos realizando. Es importante establecer metas, pero con frecuencia pueden parecernos imposibles y abrumarnos. Si podemos limitarnos a centrarnos en el progreso, nuestros logros nos animarán a perseverar en alcanzar nuestros sueños y metas. Cuando perdemos de vista nuestros progresos nos desanimamos, y el desánimo es lo que nos devuelve a nuestros viejos hábitos de derrota y a conductas autodestructivas.

SIMPLEMENTE SÉ TÚ MISMO

Antes del principio del tiempo, cuando sólo eras un sueño, ya tenías asignado un propósito. Fuiste creado conscientemente y para un propósito, estás aquí en este preciso momento para convertirte en la-mejor-versión-de-ti-mismo, no para ser una mala imitación de tus padres, amigos, hermanos y hermanas o colegas, sino para alcanzar la perfección de ti mismo.

La vida no es hacer y tener, sino llegar a ser.

¿Puede haber un sueño mejor para tus hijos que querer que se conviertan en la-mejor-versión-de-ellos mismos? ¿Puedes tener un sueño mejor para tu pareja que querer que se convierta en la-mejor-versión-de-sí-misma? Es el sueño último, y cuando te concentras en vivir este sueño, tu vida se llena de energía, entusiasmo, pasión, propósitos, y de una felicidad real y sostenible. Ha llegado el momento de empezar a vivir el sueño.

Cuando estamos sanos en un sentido total o en cualquier otro aspecto de nuestras vidas, nos guía el sueño de convertirnos en la-mejor-versión-de-nosotros-mismos. ¿Por qué existen tantos productos y programas que ayudan a las personas a transformar distintas áreas de sus vidas? Porque existe una gran demanda. Los vendedores saben que la gente tiene este deseo insaciable de mejorar. Este es el deseo que nos guía cuando estamos sanos.

Cuando no lo estamos, tendemos a abandonarnos, y con frecuencia deseamos parecernos más a otra persona o incluso ser esa persona. Esto suele notarse más durante la adolescencia, cuando nos toca lidiar con los temas de la identidad. Pero la mayoría desarrolla un desprecio permanente por ellos (o por algunos aspectos de ellos) durante este periodo. Este desprecio ahoga nuestros sueños.

A lo que realmente hemos venido aquí es a vivir ese sueño y a esforzarnos en desarrollar todo nuestro potencial; cuando no lo hacemos porque hemos relegado a nuestro verdadero yo, nos invade la aflicción. ¿Estás celebrando tu verdadero yo, o todavía intentas ser la persona que crees que los demás quieren que seas o que tú crees que a los demás les gustaría?

Ha llegado tu hora. No encontrarás mejor momento para empezar. Es el momento de sacar las capas del condicionamiento y de las expectativas que han embrutecido tu mente y tu corazón. Ha llegado la hora de que realmente te conviertas en la mejor versión de ti mismo.

El primer paso para lograrlo es reconocer tus imperfecciones. Puede resultar irónico o incluso paradójico, pero la vida suele ser así. Hacer las paces con tus imperfecciones y luchar por mejorar los aspectos de tu carácter que se han distorsionado por la experiencia o el hábito son parte del proceso para lograr esa perfección de ti mismo. Para la salud mental, física y espiritual es esencial reconocer que lo que solemos considerar nuestras imperfecciones, en realidad forman parte de nuestra perfección.

El reto es discernir qué imperfecciones forman parte de quien eres cuando eres tú mismo y cuáles son una distorsión de tu verdadero yo. Normalmente, la línea que separa estas dos realidades es fina y borrosa.

Una mujer con una personalidad alegre y llena de vida no debe abandonarla simplemente porque a algunas personas no les guste. Eso forma parte de su yo más genuino.

Puede que no seas una persona detallista. No necesariamente ha de ser un defecto. Puede que sólo sea un aspecto de cómo eres. No todo el mundo ha de ser detallista. Eso no te autoriza a ser negligente con tus compromisos, y en cierta medida puedes mejorar tu habilidad para los detalles, pero no deberías aceptar un trabajo donde tengas que fijarte constantemente en los detalles, y sería una buena idea rodearte de personas a las que les guste cuidarse de ellos.

Asimismo, puede que tu hija no sea muy buena en matemáticas. Puede que su cerebro esté preparado para destacar en otras áreas. Es muy posible que su mejor yo sea un mal matemático. Cierto nivel de conocimiento práctico en esta área es necesario, pero no debes forzarla a dominar los niveles más altos de esta asignatura.

Por otra parte, si un hombre es grosero e impaciente, eso no son expresiones de su mejor yo; más bien son expresiones de las conductas que ha practicado. Las tendencias de la personalidad y los talentos se han de aceptar, pero los defectos del carácter siempre se han de corregir.

Consciente, inconsciente y seminconscientemente, todos queremos ser lo más perfectos posible siendo nosotros mismos. Pero pensemos en ello de este modo: un árbol no pretende que todas sus ramas sean rectas. Es perfecto en su imperfección, perfectamente imperfecto. Sin embargo, con el tiempo cambia y crece.

La respuesta, para ti y para mí, es intentar vivir en ese delicado equilibrio entre esforzarnos por mejorar nuestro carácter a la vez que celebramos nuestra personalidad y talentos únicos. Si te decantas mucho hacia un aspecto, sofocarás tu personalidad única y maravillosa. Si te inclinas demasiado hacia el otro, abandonarás el carácter, que es la fuente de dignidad y respeto.

No podemos precipitarnos para lograr este delicado equilibrio. Con frecuencia lo perdemos en cuanto lo encontramos y volvemos a buscarlo de nuevo. Pero el día o semana que se nos ocurre mirar retrospectivamente, nos damos cuenta de que hay momentos en los que podemos decir con toda sinceridad y humildad: «¡En ese momento fui la mejor versión de mí mismo!» Hemos de aprender a reconocer esos momentos, comprender sus secretos, celebrarlos y reproducirlos. Estos momentos nos ayudarán a hallar el equilibrio entre la aceptación de nuestro yo y nuestra necesidad de cambio. Hemos de aproximarnos a este centro de equilibrio entre aceptarnos tal como somos y el reto de ser todo lo que somos capaces de ser, como nos acercaríamos a un animal rebosante de energía: con calma y despacio.

Tuve un amigo y mentor que solía decirme dos cosas: «Sé amable contigo mismo» y «Todas las cosas grandes sólo se pueden conseguir con un corazón ligero». Esta gran alma ya no está en mi vida, pero sus palabras perduran. La amabilidad con nosotros mismos precede a todo crecimiento genuino y perdurable, y la ligereza de corazón es un signo de que confiamos en que estamos donde estamos en estos momentos por alguna razón.

MEJOR, NO EL MEJOR

El verano pasado, después de que un amigo compartiera conmigo sus ideas respecto a una de las principales premisas de mi enseñanza, sentí que el concepto de ser amables con nosotros mismos y el del afán de progresar se oponían. Rick y yo nos hicimos amigos cuando su mujer y él asistieron a uno de mis seminarios en Italia hace ya algunos años. Él tiene un maravilloso sentido del humor y exuda una extraordinaria curiosidad y un sano escepticismo, y su compañía siempre me resulta vigorizante.

El verano pasado su hijo, él y yo estábamos juntos antes de uno de mis seminarios. Charlábamos relajadamente y su hijo hacía asombrosas imitaciones de todo aquel que mencionábamos. Nos estábamos poniendo al día y él me hablaba de su trabajo en China y de lo que había cambiado ese país en los últimos diez años. Luego pasamos a hablar de mi trabajo y me dijo algo que me afectó profundamente y me hizo reflexionar. En una sola frase pudo expresar algo que yo siempre había sentido de algunas personas del público pero que nunca había sido capaz de expresar o señalar: «Matthew, creo que tu idea de convertirnos en la-mejor-versión-de-nosotros-mismos es fantástica. Aclara muchas cosas, pero algunas personas simplemente no pueden captar esa noción de ser *la-mejor*-versión-de-sí-mismo. Simplemente, necesitan que les hables de *una-mejor*-versión-de-sí-mismas.

Lo entendí al instante.

Durante más de diez años había estado hablando sobre cómo llegar a ser la-mejor-versión-de-uno-mismo, dando ejemplos de cómo mejorar física, emocional, intelectual y espiritualmente. El público siempre había respondido muy bien al mensaje. Se había sentido inspirado por esa idea. Pero ahora me había dado cuenta de que para algunas personas el concepto de ser *la-mejor*-versión-de-sí-mismas era demasiado. Tenía que desglosarla en porciones más manejables.

La gente siempre me preguntaba cosas como «¿Cuándo sabré que me he convertido en la-mejor-versión-de-mí-mismo?» y «¿Llegaré alguna vez a ser la-mejor-versión-de-mí-mismo, o es una de esas luchas en las que nunca sales vencedor?»

Bueno, no es que un día nos levantemos y digamos: «Ya está hecho el trabajo, ¡soy la-mejor-versión-de-mí-mismo!». Cada día hemos de celebrar nuestro mejor yo. En cada momento, elegimos entre la mejor-versión-de-nosotros-mismos y un millar de versiones de segunda clase.

En algún momento podemos celebrar activamente nuestro mejor yo conscientes de que somos nuestra mejor versión. Pero, en otro, podemos volver a perder nuestro mejor yo debido a la pereza, la impaciencia, la ira, la envidia, el cotilleo, la impulsividad, el egoísmo...

Llegar a ser la-mejor-versión-de-ti-mismo no es una lucha sin esperanza. Es algo que unas veces consigues y otras no.

Tu meta es llegar a ser la-mejor-versión-de-ti-mismo. Este principio aporta claridad a todos los demás aspectos de nuestra vida. ¿Qué hace que un libro, amigo, matrimonio, trabajo o película sean buenos? ¡Que nos ayudan a convertirnos en la-mejor-versión-de-nosotros-mismos! Todo cobra sentido cuando está relacionado con nuestro propósito esencial. La gente, las experiencias y las cosas con las que llenamos nuestra vida o nos ayudan a ser la-mejor-versión-de-nosotros-mismos o nos dificultan la tarea. Simplemente se trata de que cada vez nos preguntemos: «¿Cuál de las opciones que tengo ante mí me ayudará a ser la-mejor-versión-de-mí-mismo?»

Hemos de ser conscientes de la meta, no cabe duda. Pero seamos sinceros, sólo progresamos si vamos en la dirección correcta. Para ello, el viaje que conduce a nuestro propósito esencial se ha de desglosar en etapas prácticas y manejables.

Al reflexionar sobre las palabras de Rick, empecé a desglosar el viaje de llegar a ser la-mejor-versión-de-nosotros-mismos. Luego, empecé a reflexionar sobre la psicología del cambio planteándome preguntas como: «¿Qué sucede en nuestra mente cuando empezamos a aplicar el cambio en nuestras vidas?»

Empecé examinando mi propia vida.

Cuando era muy pequeño, creo que tendría unos seis años, me hacían ir a tomar clases de piano una vez a la semana. Mi madre había decidido que todos sus hijos tenían que tocar el piano. Yo no soportaba el piano y cada semana me quejaba. Ese fue mi primer encuentro con la máxima «La práctica hace al maestro». Mi profesor de piano no se cansaba de repetirlo. Mis padres reforzaban su mensaje diciéndome lo mismo.

Ahora sé que la práctica no hace al maestro. La práctica te hace progresar, pero sólo cuando practicas las cosas adecuadas de la forma adecuada.

Las lecciones de piano duraron sólo seis meses, hasta que mi madre me permitió dejarlo. Volvieron a apuntarme a las clases un par de veces más, pero tampoco aguanté mucho. Hasta los diecisiete años no empecé a tocar el piano. Recuerdo que una noche fui a una fiesta y un amigo mío se sentó al piano, empezó a tocar y todo el mundo se puso a cantar. Hasta entonces nunca había oído a nadie interpretar música popular en el piano. Esa noche decidí que quería aprender a tocar el piano. No fue decisión de mi profesor ni de mis padres, fue por propia iniciativa.

Al día siguiente me senté al piano en mi casa y empecé a familiarizarme de nuevo con el teclado. Al principio fue doloroso y tedioso, pero con el tiempo y la práctica fui desarrollando el sentido musical y un estilo que me permitió aprender melodías con relativa rapidez, aunque sin duda no a la perfección.

Actualmente, me encanta tocar el piano. No toco ninguna pieza perfecta desde un punto de vista técnico, pero a mí eso no me importa. Cada año que pasa, me siento mejor tocando, pero lo más importante es que disfruto haciéndolo. El piano se ha convertido en una gran terapia, en una forma de relajarme y de desconectar de las presiones del día a día.

En muchos aspectos, la *perfección* es algo mucho más subjetivo de lo que mucha gente quiera hacerte creer y mucho menos objetivo de lo que nosotros nos permitimos creer. Una relación perfecta para ti puede ser muy distinta de lo que lo es para mí. Algunas personas se enamoran de cualquier tipo de belleza genérica que aparece en las portadas de las revistas, pero yo me siento más atraído hacia las personas que se sienten bien en su pellejo. La perfección tiene muchas facetas.

¿Cuántas formas hay de perseguir la perfección? En este preciso momento de la historia, unas seis mil millones, una por cada rostro que hay sobre el planeta.

¿Cuál es tu punto débil?

Algunas personas luchan por ceñirse a su presupuesto. Otras por controlar su peso. Otras por mantener una relación. Para otras las compras y las tarjetas de crédito son su problema. Algunas luchan contra adicciones más destructivas. Todos tenemos nuestra lucha personal, algo que nos retiene. Mi problema es la comida.

Me encanta la comida. No es ningún secreto que me enloquece el chocolate, pero mi aventura amorosa con él no termina aquí.

Dime el nombre de cualquier ciudad del mundo, y seguro que hay muchas posibilidades de que pueda decirte cuál es su mejor chocolate típico y dónde puedes encontrarlo, desde los restaurantes más refinados hasta los locales de poca monta donde hacen hamburguesas grasientas. Mi madre hace el mejor *meat loaf* [rollo de carne picada cocida] de todo el hemisferio sur, y Sue Robinson hace la mejor comida de Cincinnati. Según donde estés y lo que busques, es muy probable que pueda ayudarte.

En Nueva York hay muchos restaurantes famosos, pero mi favorito es Abboccato, en la calle 55. Si vas a Sydney, te diré que no dejes de ir a comer al Blue Water Cafe, en Manly Beach. Mama Zoe's es un restaurante cajún* de Dublín iluminado sólo con velas. Se encuentra en una zona que no es muy de paso, pero la comida es sorprendente. Y si es el chocolate lo que te gusta, puedo decirte que el mejor chocolate de Estados Unidos es el chocolate con leche, coco y pasas de corinto de Betsy Ann Chocolates de Pittsburgh. Por otra parte, See's Candies hace un excelente *scotchmallow* que merece la pena probarlo si estás en la Costa Oeste. En Sydney, Haigh's, en Strand Arcade, va a ser tu lugar favorito. Si lo que quieres es un buen tazón de chocolate caliente, Angelina's en París o el café de la plaza principal de Asís, Italia, es adonde has de ir.

Sí, no cabe duda de que la comida es mi punto débil.

* Denominación que se les aplica a los francocanadienses que actualmente residen en el sur de Louisiana, Estados Unidos. (*N. de la T.*)

Como cuando soy feliz. Como cuando estoy triste. Como para celebrar. Como para consolarme. Como para recompensarme. Como cuando escribo. Como cuando tomo notas. Siempre como.

Todo esto me crea un pequeño problema. Engordo.

Entonces me pongo a hacer dieta o ejercicio. Como bien, y luego hago ejercicio como un maníaco durante un par de semanas y me siento de maravilla. Luego me peso y sólo he perdido un kilo. En muchos aspectos es estupendo. El problema es que quiero perder diez kilos. Entonces, me deprimo por haber adelgazado «sólo» uno y empiezo a considerar los nueve que no he perdido.

¿Te suena de algo?

En lugar de celebrar el kilo que he perdido, dejo que los otros nueve me depriman. No celebro mi progreso, me concentro en mi falta de perfección.

Al día siguiente estoy tentado de abandonar mi dieta en algún pequeño detalle, o me da pereza hacer algunos de los ejercicios que me he autoprescrito, y esta pequeña desviación se convierte en la fisura que rompe la presa. La autocompasión empieza a hacer mella y empiezo a cometer excesos de nuevo. Entonces me hundo más porque no he sido capaz de seguir las reglas que yo mismo me he impuesto.

Durante unas semanas no hago caso del problema, pero luego empiezo a sentir apatía, y me falta la vitalidad que sentí durante un breve período cuando comía bien y hacía ejercicio regularmente. Me digo a mí mismo que si pudiera mantener ese estilo de vida podría hacer cosas extraordinarias y escribir libros sorprendentes. Así que decido intentarlo de nuevo...

Creo otra serie de reglas. La lista empieza con algo parecido a esto: puedo comer esto y esto cada día, esto y aquello una vez a la semana. Haré ejercicio durante 45 minutos seis veces a la semana, y si me lo salto algún día, ese día no podré comer ningún extra.

Sí, bienvenidos a la locura de mi mente.

Durante un par de semanas funciona y me siento de maravilla. Luego pasa algo que me trastoca, o por alguna razón tengo un día especialmente malo en la carretera, y entonces recurro a la comida para consolarme, y todo el plan se viene abajo.

El ciclo se repite unas cuantas veces más, y antes de darme cuenta, tengo el patrón de derrota.

Patrones de derrota

Los patrones de derrota acaban definiendo nuestra vida. Queremos cambiar, hemos intentado cambiar, pero hemos fracasado tantas veces que empezamos a pensar que no podremos conseguirlo. Esto es un gran golpe para nuestra autoestima, lo que significa que un patrón de derrota suele suponer el comienzo de alguna forma de autodesprecio.

Dejamos de pensar en la-mejor-versión-de-nosotros-mismos y evitamos todo lo que nos la recuerda. Ahogamos nuestra tristeza en la música, en la televisión, o en cualquier cosa que pueda distraernos de lo que realmente está sucediendo en nuestro interior.

Tenemos miedo de la resolución de Año Nuevo porque dudamos de nuestra fortaleza para cumplirla. Empezamos a pensar y a leer más sobre la vida de otras personas como escape de la nuestra. Bebemos, comemos, dormimos y compramos más, buscamos más cualquier placer que pueda distraernos de lo que realmente está pasando en nuestro interior. La decepción de la derrota nos conduce a no querer ser nosotros mismos, mucho menos la-mejor-versión-de-nosotros-mismos.

Mientras está sucediendo todo esto, tenemos la sensación de que algo no va bien y que una vocecita nos lo está susurrando, pero no queremos escucharla.

Paralizados por el miedo de volver a caer, tenemos miedo de tener esperanza. Tenemos miedo de albergar falsas esperanzas. De modo que empezamos a despreciar todo lo que tenga relación con el desarrollo personal, y quizá también con cualquiera que se haya comprometido con ello. Esas personas representan un sueño perdido o abandonado, aunque no sabemos cuál. En este momento de decepción y desprecio, nos embargan preguntas profundas sobre nosotros mismos, pero las evitamos. Internamente, nos sentimos abrumados por todo tipo de dudas sobre nosotros, pero externamente puede que intentemos aparentar confianza en nosotros mismos para compensar.

Nos preguntamos: *¿Por qué no puedo cambiar? ¿Es culpa mía, o simplemente es que soy así?*

Por supuesto, la respuesta es ambas cosas.

Todo esto se repite hasta que estamos tan desesperados que no tenemos más remedio que cambiar. El médico nos dice que si no dejas de comer fritos, morirás de un infarto, o que si no dejas de fumar, te tendrán que quitar un pulmón. Quizá tu esposa te diga que si no pasas más tiempo con la familia, te abandonará. Para muchas personas es el aumento de su dependencia de las drogas o el alcohol lo que las perturba y debilita, hasta que la desesperación las obliga a ponerse de rodillas.

En muchos aspectos, éstos son los afortunados. Es triste ver cómo han tenido que llegar a esto. Pero muchos alcohólicos te dirán que su vida no empezó a cambiar hasta que tocaron fondo. También te contarán historias aterradoras hasta que dejaron de beber.

¿Por qué los que han llegado a encrucijadas radicales en sus vidas son los afortunados? Porque la mayoría de las personas nunca llegan a ese punto de desesperación, y por lo tanto, nunca cambian. Se dice que un alcohólico ha de elegir una vida espiritual o morir a causa de su adicción. Para un alcohólico no existe el término medio. Si un cambio en la dieta se debe a una situación de vida o muerte, la mayoría de las personas se verán rápidamente motivadas y decididas a hacerlo. La mayor parte de los seres humanos sólo cambian cuando el sufrimiento por no hacerlo excede al que requiere el cambio.

Pero, en general, las personas como tú y como yo podemos ir tirando con nuestros patrones de derrota y autodesprecio sin prestarnos demasiada atención. Todo esto puede estar sucediendo en nuestro interior, sin que prácticamente nadie se dé cuenta. La gente que nos rodea puede seguir queriéndonos y sentirse querida por nosotros. Pero pocos saben de lo incapaces que somos de amar verdaderamente, porque estamos tan llenos de ese desprecio hacia nosotros mismos que nos impide que amemos a nadie, incluidos nosotros.

Si alguien reconoce nuestra situación, probablemente sea porque se ha encontrado en una situación similar. Esta persona puede intentar acercarse a nosotros o retarnos, pero nosotros nos escudamos tras la gran excusa: «¡Yo soy así!» Como sucede con la mayor parte de las mentiras, si las repites muchas veces acabas creyéndotelas. Y a medida que te vas familiarizando con tu propia mentira y te sientes cada vez más incómodo contigo mismo, añades una manipulación emocional a este tipo de situaciones con preguntas como ésta: «¿Por qué no puedes quererme tal como soy?»

Decimos: «¡Yo soy así!», pero en el fondo no soportamos ver en quiénes nos hemos convertido y anhelamos profundamente convertirnos en la persona que sabemos que podemos llegar a ser. Pero sentimos que estamos en una trampa. Y es cierto. Estamos atrapados en nuestras ilusiones de perfección, deprimidos por la dificultad del camino que tenemos delante, desbordados por nuestros patrones de derrota.

Lo que acabo de describir le pasa a muchas personas. Mientras estoy escribiendo estas palabras, le está sucediendo a mucha gente, y le seguirá sucediendo a mucha más mientras tú las lees.

La gente quiere cambiar. Sabemos que hay ciertos aspectos de nuestras vidas que nos gustaría cambiar. Sé sincero contigo mismo aunque sólo sea por un momento. ¿Qué es lo que cambiaría radicalmente tu vida si cambiaras tus patrones de derrota? ¿Lo has intentado? Pues claro que sí. ¿Todavía lo estás intentando o ya te has rendido?

¿Podemos cambiar realmente?

Esta pregunta representa el abismo ante el que nos tambaleamos al menos una vez en la vida, y hasta que no nos convencemos de que es posible un cambio real, nuestras vidas son poco más que un sueño despiertos. Imaginamos el abismo, pero no es más real que la pesadilla de un niño. Una nueva conciencia del poder del progreso puede abrirnos los ojos y hacernos ver que lo que tenemos delante no es un abismo sino un sendero. La respuesta está en dar el primer paso.

Un *pitcher* no lanza una bola a cien millas por hora en el primer intento. Primero aprende a sostener la bola, luego a lanzarla, y por último a lanzarla en la dirección correcta. Estos pasos son tan fundamentales que nos los pasamos por alto. Sólo entonces puede el *pitcher* empezar a mejorar en velocidad y precisión. Primero lanza la bola a setenta millas por hora, luego a ochenta, luego a noventa hasta llegar a cien. Habrá días en los que no podrá lanzar la bola a la misma velocidad que el día anterior. En ese momento, podrá celebrar su progreso general, o enfocar algún otro aspecto que no sea la velocidad. Quizá no estará lanzando igual de rápido, pero quizás esté moviendo la bola mejor que nunca o lanzándola con mayor precisión. En cada circunstancia celebra su progreso.

Celebrar el progreso es fundamental en la psicología del cambio. En nuestra cultura solemos celebrar las cosas comiendo o comprando, pero la celebración de la que estoy hablando tiene lugar en nuestro interior. Celebrar el progreso significa darte una palmadita psicológica en la espalda. No hay nada que tenga más fuerza que el modo en que te relacionas contigo mismo. Celebrar el progreso es el primer secreto para romper los patrones de fracaso.

Otro de los grandes secretos que solemos pasar por alto es que el fracaso forma parte de todos los grandes logros y descubrimientos.

Vivimos en una cultura obsesionada por el éxito, y a raíz de ello, inconscientemente, albergamos la actitud de que no está bien fracasar. Muchas veces valoramos a una persona por sus éxitos. Por supuesto, esto se vuelve en contra de nosotros cuando fracasamos y solemos tomárnoslo de una forma personal. Si fracasas, no tienes por qué ser un fracasado.

Creo que el béisbol nos enseña más sobre el fracaso que ningún otro deporte. Un buen bateador puede tener un promedio de 350. ¿Qué nos enseña esto? Nos enseña que sólo consigue batear la bola aproximadamente un 35 por ciento de las veces. ¿Qué más nos enseña? Que falla el 65 por ciento de las veces.

Francis T. Vincent Jr., cuando era el presidente de la federación de béisbol, hizo estas observaciones en una charla en la Universidad de Fairfield.

> El béisbol nos enseña, o nos ha enseñado, a hacer frente al fracaso. Ya de muy jóvenes aprendemos que el fracaso es la norma en el béisbol y, precisamente porque fracasamos, tenemos en muy alta estima a aquellos que fracasan menos: los que batean una de cada tres veces y se convierten en estrellas. También me parece fascinante que en el béisbol, quizás el único deporte donde sucede esto, los errores formen parte del juego, parte de su rigurosa verdad.

Nunca hemos de permitir que nuestro espíritu se venga abajo por la derrota. La derrota forma parte del progreso, no es el resultado final.

Tanto Thomas Edison como Albert Einstein ilustran magníficamente esta lección. Estos dos hombres vivieron el fracaso más que la mayoría de las personas, y sin embargo se convirtieron en el inventor y el matemático más grandes, respectivamente. Día tras día se enfrentaban al ensayo y al error, a las equivocaciones y a la frustración, a la decepción y a la derrota, y a momentos de desilusión total. Pero ellos consideraron estos impedimentos, adversidades, derrotas y fracasos cruciales para sus descubrimientos. Ellos creían realmente que sus fracasos suponían un progreso.

La historia del esfuerzo de Edison para encontrar la manera de que una bombilla siguiera encendida sin quemarse es famosa. Probó más de diez mil combinaciones de materiales antes de encontrar el que funcionaba. Hacia finales de su vida la gente le preguntaba cómo pudo seguir probando después de tantos fracasos. Él respondía que no veía los otros intentos como fracasos. Luego proseguía diciendo que había identificado correctamente diez mil formas en las que no funcionaba, y que cada uno de esos intentos le había acercado a la fórmula correcta. Él veía sus fracasos como progresos.

Einstein, al que muchas personas consideran el ser más inteligente que ha existido, dijo: «Pienso y pienso durante meses y años. El noventa y nueve por ciento de mis conclusiones son falsas. A la centésima vez acierto».

¿Por qué seguimos albergando la creencia de que no está bien fracasar? El fracaso desempeña un papel importante en nuestra vida y un papel *decisivo* en nuestros intentos de ser nosotros mismos. Recuerda que en cualquier patrón de fracaso que tengas ahora, coexisten estas tres verdades:

1. Antes que tú, otras personas han superado con éxito los obstáculos a los que te estás enfrentando; búscalas y saca tu fuerza de sus historias y ejemplos.
2. Todos tus fracasos del pasado implican que estás mejor preparado que antes para tener éxito en el siguiente intento.
3. Nunca te será más fácil que ahora romper el patrón de derrota.

Dejemos que las palabras de Benjamin Barber resuenen en tu interior:

> Divido el mundo entre aprendices y no aprendices. Hay personas que aprenden, que están abiertas a lo que sucede a su alrededor, que escuchan, que oyen las lecciones. Cuando hacen alguna tontería, no vuelven a repetirla. Y cuando hacen algo que funciona un poco, lo hacen aún mejor y ponen más esfuerzo en el siguiente intento. Lo que nos hemos de preguntar no es si somos un éxito o un fracaso, sino si somos o no aprendices.

EL PODER DEL PROGRESO

¿Estás progresando? Esa es una pregunta importante que hemos de plantearnos: «¿Estoy progresando?» Yo no tengo mucha experiencia en la perfección propia, pero sí bastante en hacer progresos. La razón por la que señalo esto es porque cuando progreso me siento más feliz que cuando estoy obsesionado con alguna visión idílica de la perfección a la que no puedo llegar. El progreso nos anima. Nos devuelve a la vida. Cuando sentimos que estamos progresando, nos llenamos de pasión, energía, entusiasmo, propósito, y de una felicidad sostenible. El progreso nos llena de gratitud por el presente y de esperanza para el futuro. El progreso crea felicidad duradera.

De modo que, ¿estás progresando? Si no lo sabes o si te lo has de pensar demasiado, probablemente es que no has prestado atención. Esa es la perdición de la mayoría de las personas en lo que respecta al área del crecimiento personal. Simplemente no prestamos atención. El otro error típico es dar por sentado que estamos progresando, como si sumar un año más a nuestras vidas fuera prueba de ello.

La única forma en que puedes responder con sinceridad y sin dudarlo a la pregunta de si estás progresando o no, es si has pasado suficiente tiempo pensando en ello antes de ahora. Pero, es una pregunta que la mayoría de las personas eluden. Podemos preocuparnos tanto con lo que tenemos y lo que hacemos que perdemos de vista quiénes somos y en qué nos estamos convirtiendo.

¿Estás progresando? ¿Eres hoy mejor persona que hace un año? ¿Eres más feliz? ¿Eres mejor esposo o esposa? ¿Mejor novio o novia? ¿Padre o hijo? ¿Empleado o jefe? ¿Compañero? ¿Colega? ¿Ciudadano? ¿Amigo? ¿Estás más sano? ¿Eres económicamente más independiente que hace un año? ¿Te resulta cada vez más satisfactorio tu trabajo? Todo esto son preguntas importantes, pero para responderlas, primero hemos de plantearnos esta pregunta y responderla: ¿qué es el progreso?

Poco después de la Segunda Guerra Mundial, en Occidente nos obsesionamos con el progreso. No nos equivoquemos: cada era tiene su propia obsesión con el progreso. Pero lo que distinguió la obsesión con el progreso en el siglo XX es que pronto se empezó a confundir el progreso con el cambio. En todos los aspectos de la cultura y de la sociedad, la gente empezó a exigir el cambio como si éste *siempre* fuera bueno y con la suposición de que el cambio *siempre* trae el progreso.

La sociedad occidental ha cambiado mucho durante los últimos cincuenta años. ¿Ha sido el cambio siempre para mejor? Algunos argüirían que depende de lo que consideres *mejor*. Pero las personas más razonables reconocerían que no siempre ha sido así. Durante los últimos cincuenta años, por ejemplo, ha habido un aumento masivo de la violencia. Es un cambio, pero las personas más razonables admitirán que no es para mejor.

El cambio no equivale a progreso. El cambio no garantiza el progreso.

El progreso es avanzar hacia una meta. Si tu meta en la década de 1950 era hacer que nuestra sociedad fuera más violenta, entonces, es evidente que lo has conseguido. Pero si en esa época se hubiera preguntado a la mayoría de las personas: «¿Te gustaría que la sociedad fuera más violenta dentro de cincuenta años?», habrían respondido que no. La violencia ha aumentado, de modo que en ese sentido no hemos progresado. Y lo que es peor, hemos retrocedido como sociedad en ese sentido.

El progreso es cambiar para mejor. El progreso es un cambio que hace que algo sea más perfecto en sí mismo. El progreso es cualquier cambio, aunque pequeño, que hace que alguien se acerque más a su perfección.

Entonces, ¿hacia qué queremos progresar? Cada persona daría una respuesta diferente, y pronto lo veremos. Pero aunque sólo sea por un momento, reflexionemos sobre cuáles son nuestras preferencias colectivas para el progreso.

Las personas más sensatas tienen buena voluntad y comparten preferencias en lo que al progreso se refiere. Quieren que el mundo sea mejor, y quieren vivir más felices.

Cuando empezamos a pensar en estas preferencias, éstas se transforman en deseos, y cuanto más pensamos en ellos, más fuertes se vuelven, y cuanto más fuertes se vuelven los deseos, más sintonizamos nuestras acciones con ellos y cosechamos el progreso que pretendíamos.

El problema es que la mayoría de las personas dedican muy poco tiempo a pensar en cómo les gustaría que el mundo fuera un lugar mejor, y por lo tanto contribuyen muy poco cuando se trata de llevarlo en esa dirección. Si les preguntaras cuáles son sus preferencias, te dirían que preferirían que el mundo fuera mejor en vez de peor. Pero su preferencia nunca llega a transformarse en deseo y acción.

La mayor parte de las personas te dirán que prefieren ser más felices, pero ¿cuánto tiempo dedican a pensar en cómo pueden crear una vida más feliz? La preferencia nunca llega a ser un deseo. El deseo nunca se convierte en acción. Pero se pasarán toda la vida prefiriendo ser más felices.

La preferencia no basta. El progreso requiere deseo y acción.

No es posible crear una vida genuinamente más feliz mientras no hacemos nada para mejorar el mundo. Por lo tanto, hemos de encaminarnos a ser más felices y a crear un mundo mejor para traspasárselo a nuestros hijos y nietos.

No cabe duda de que será difícil ponerse de acuerdo en qué es lo que significa «mejor» y «más feliz». Trataremos este tema con mayor profundidad cuando hablemos del papel que desempeña el carácter en nuestras vidas y en la sociedad.

Cada día es tu primer día de algo

Últimamente, pasé un par de días con unos amigos en Atlanta, que tienen una hija de tres meses; es la primera. Mi visita coincidió con la Super Bowl, y señalé que ésta debía ser la primera Super Bowl de Brooke. Nick, su padre, respondió: «Cada día es su primer día de algo».

Con los niños celebramos el progreso. Les aplaudimos, los abrazamos, los besamos, los felicitamos y los recompensamos por los más pequeños logros. Esta atmósfera de ánimo desempeña un papel muy importante en el rápido progreso que hacen durante los primeros meses y años de sus vidas.

Por ser adultos no hemos de dejar de celebrar el progreso. El progreso es una recompensa en sí misma. Cuando progreso soy más feliz. Observa si a ti te sucede lo mismo. Obsérvate. Estudia las áreas en las que estás progresando. Recuerda momentos de tu vida en los que hayas hecho algún progreso. ¿Cómo te sentías respecto a ti, a tu vida y tu futuro?

Nuestra capacidad para mejorar es asombrosa. Tanto si es en el plano profesional como en el personal, en el área de la salud como en el del bienestar, de nuestra economía privada, relaciones, dieta, ejercicio, carácter o espiritualidad, tenemos una capacidad extraordinaria para mejorar. Pero para mejorar, hemos de conocernos bien, hemos de ser capaces de ver más allá de nuestras debilidades y puntos fuertes evidentes y ver nuestras tendencias sutiles. Hemos de poder detectar cuándo nos estamos engañando, cuándo podemos dar más de lo que damos y cuándo nos estamos desviando del camino.

Con el paso de los años, he estudiado diferentes formas y expresiones de espiritualidad, y lo que más me ha sorprendido no han sido sus diferencias sino sus similitudes. Hay una práctica que se encuentra en todas las principales manifestaciones de la espiritualidad, desde el budismo al cristianismo, desde el hinduismo al judaísmo, que es especialmente interesante para el tema que nos ocupa. La práctica recibe distintos nombres. Los cristianos lo llaman examen de conciencia, mientras que los budistas simplemente lo denominan observación diaria. Lo llamemos como lo llamemos, durante miles de años los que se han tomado muy en serio el desarrollo personal han utilizado este sencillo ejercicio no para medir la perfección sino para evaluar su progreso.

Cada tradición presenta una docena de formas de este ejercicio. Pero, en lo fundamental, se trata de tomarse un momento al final del día para preguntarse: ¿Soy mejor persona hoy que ayer?

La respuesta a esta pregunta suscita más preguntas: «¿Qué áreas de mi vida he de mejorar?», «¿A qué áreas de mi vida he de prestar más atención?», «¿Qué conductas dificultan que progrese hacia la-mejor-versión-de-mí-mismo?»

Lo que eres hoy no es más la sombra de lo que eres capaz de ser. Nuestro potencial es lo que más nos excita y nos frustra al mismo tiempo.

Ir paso a paso es el secreto. Las pequeñas victorias conducen a grandes triunfos. El atleta que se ha lesionado ha de ir poco a poco. Durante la rehabilitación, los entrenadores enseñan a las superestrellas a celebrar las pequeñas victorias, igual que hace un padre con su hijo. Empecemos a prestar atención a la pregunta «¿Estoy progresando?»

¿Estás progresando? Como ya he dicho anteriormente, si has de pensar en ello, es porque probablemente no estés prestando atención.

La primera lección para una felicidad duradera es:

Celebra tu progreso

Al final del día, o incluso en pequeñas pausas durante el día, reflexiona sobre los progresos que has hecho. Piensa en las diferentes áreas de tu vida. En algunas habrás progresado; celebra ese progreso. En otras, puede que te hayas estancado o retrocedido: no te des por vencido. Sé amable contigo mismo. Eres una creación maravillosa, pero eres una obra en constante evolución.

No concluyas nunca un periodo de reflexión sin identificar algún progreso. A medida que vayamos avanzando por el resto de los capítulos de este libro y descubramos las ocho lecciones restantes para conseguir una felicidad duradera, descubrirás muchas áreas en las que podrás medir y celebrar tu progreso.

Lograr la perfección es algo a lo que todos deberíamos aspirar, pero la senda que nos conduce hacia la-mejor-versión-de-nosotros-mismos es la senda del progreso. Que éste sea el diálogo interno que cada día fomente nuestro progreso: «Hoy estoy mejor que ayer».

Aplica tu primera lección para una felicidad duradera:

CELEBRA TU PROGRESO

Aplicaré la primera lección para una felicidad duradera en mi vida dando los siguientes pasos:

1. Me centraré en tomar una resolución a la vez. Cuando tome una resolución, la definiré en términos sencillos y manejables, no con palabras grandilocuentes e inconmensurables. Escribiré mi resolución junto con una descripción de cómo mejorará mi vida si la pongo en práctica. Cada día haré varias pausas para revisar mi resolución y las formas en las que cambiará mi vida. Cuando me haya establecido firmemente en la misma y la haya adoptado como un hábito, me plantearé la próxima resolución.

2. Celebraré mi progreso dándome una palmadita psicológica cada vez que haga un esfuerzo en la dirección de mi resolución. Celebraré hasta la más pequeña victoria, pero cada vez que consiga algo importante celebraré mis progresos de manera especial. Lo ritualizaré para recordarlo mejor. Unas veces esta celebración será en solitario, y otras invitaré a los demás a que la celebren conmigo. Recordando siempre que la forma en que hablo conmigo mismo me afecta más que la forma en la que otros se dirigen a mí, utilizaré mi diálogo interior constantemente durante el día para animarme a convertirme en una-mejor-versión-de-mí-mismo.

3. Seré consciente de las cosas que hago por primera vez y las buscaré activamente. De vez en cuando me propondré hacer algo por primera vez, celebrando de ese modo mi capacidad infinita de explorar nuevos horizontes. Unas veces probaré con alguna actividad de aventura, como hacer paracaidismo, y otras buscaré cosas más sencillas, como plantar un árbol.

4. Empezaré a ver los fracasos como parte del éxito. Si fracaso de alguna forma, haré una pausa y dedicaré un tiempo a identificar lo que he aprendido de la experiencia. De este modo aprenderé a ver que hasta mis derrotas forman parte del proceso, del progreso.

5. Me observaré cada mañana y cada noche de la misma forma que lo han hecho los grandes maestros espirituales de todas las tradiciones durante miles de años. Durante mi evaluación matinal, me preguntaré: *¿En qué área me he de centrar hoy? ¿Qué acción específica realizaré para progresar hoy en esta área? ¿Cómo evaluaré mi progreso en esta área? ¿Qué puedo hacer hoy para cambiar la vida de los demás?* Cuando haga la pausa por la tarde, me concentraré y me preguntaré: *¿Soy mejor hoy que ayer? ¿Qué he hecho hoy que me haya aportado felicidad? ¿Qué he hecho hoy que me haya provocado inquietud o infelicidad? ¿Por qué he elegido estas cosas? ¿De qué modo puedo mejorar mañana? ¿Qué he hecho hoy para hacer felices a los demás? ¿He hecho daño a alguien física, emocional, intelectual o espiritualmente? ¿Qué cosas buenas me siento inspirado a hacer mañana?*

2

Perfectamente imperfecto

Tarde o temprano, a todos nos llega un momento en que nos decimos: «Algo no marcha». Hay a quien le pasa de muy joven, y a quien le pasa cuando es bastante mayor. Nuestras circunstancias personales son las que hacen que lleguemos a hacernos este planteamiento, pero generalmente no se trata de las circunstancias. Las circunstancias sólo nos sirven de indicativo, pero en realidad no son más que síntomas. Las circunstancias son externas, pero la enfermedad está dentro.

Lo que en realidad estamos diciendo es: *Este no soy Yo,* o *Esto no es lo que quiero ser,* o *Esto no es para lo que nací,* o *No me siento yo mismo,* o *No me siento bien conmigo mismo,* o *¿Quién soy, y para qué he venido aquí?,* o *No me gusta en quien me he convertido,* o *¿En qué consiste la vida?; porque si esto es todo lo que se puede esperar...*

Todo esto son pensamientos y preguntas buenas y válidas.

A veces, cuando sientes que algo no marcha bien, te equivocas. Justamente es lo contrario. Algo va muy bien. Esto es normal y saludable. El momento en que nos damos cuenta de que algo va mal forma parte del proceso de madurar para ser un ser humano adulto y sano. Éstas son grandes preguntas. Algo va mal si nunca te has planteado este tipo de pregunta.

Estos momentos de enormes dudas y confusión son el preludio del despertar. No vuelvas a dormirte. No dejes que alguien te diga que puedes volver a dormir. Dale la bienvenida a este momento. Es el comienzo de cosas nuevas y maravillosas para ti.

Una vez que llegamos a este punto en que notamos que algo anda mal, pueden suceder varias cosas. Un amigo te dice: «Piensas demasiado. Necesitas pasártelo mejor», y te convence para salir y te emborrachas. No es más que una distracción, pero quieres ser normal y ser aceptado, por lo tanto le crees, aunque tampoco haya muchos indicios de felicidad duradera en su vida. El problema que tiene esta solución es que no soluciona nada. A la mañana siguiente te despiertas con la misma sensación de que algo va mal, y además con resaca.

Parece que todos tenemos momentos en que somos especialmente vulnerables a este fenómeno. Una celebración de cumpleaños puede hacer caer en picado a cualquiera. Te dices a ti mismo que tu insatisfacción se debe a que no has alcanzado o experimentado todo lo que querías haber logrado en esta etapa de tu vida. Así que te refugias en tu trabajo, o en una nueva relación, con un temerario abandono. Es una distracción. Estás esquivando el verdadero problema. Incluso puede que seas consciente de ello, pero por alguna razón no te ves capaz de enfrentarte.

He conocido a personas que cuando les llega este momento tienen tal sentido de culpa y se sienten tan inadecuadas que se entregan por completo al voluntariado, o se pierden en las necesidades de su pareja o hijos. Otras suspenden sus vidas y se alistan en el Cuerpo de Paz durante un año o dos para dar algo a la humanidad. Todo esto son buenas acciones en sí mismas, siempre y cuando se realicen por la razón correcta. Pero en este caso no son más que distracciones. Y cuando estas personas vuelven a sus propias vidas tras un año, o dos, o cinco, la verdadera pregunta las sigue acechando.

La verdad es que cuando tienes la sensación de que algo va mal, vale más que te quedes donde estás e intentes trabajarte tus sentimientos o descubrimientos. Lo que no sabes es que estás a punto de hacer un gran descubrimiento sobre quién eres y cuál es tu misión en el mundo. Estás a punto de descubrir por qué no te gusta la persona en la que te has convertido, pero en realidad, si tienes el valor de dar el salto quedándote donde estás, te adentrarás en las profundidades de tu ser.

En este momento, lo único que necesitas es quedarte como estás, y el mundo entero vendrá hacia ti.

Pero, en lugar de hacer eso, optamos por cambiar de trabajo, de casa, de amante, nos vamos de vacaciones, compramos un coche nuevo o hacemos algún otro cambio. Pretendemos retrasar el verdadero trabajo que hemos de realizar, olvidar las verdaderas preguntas. Si seguimos corriendo, podrían pasar meses, años, incluso decenios hasta que volvamos a plantearnos estas preguntas.

Ten valor. No te muevas. Serénate por fuera y por dentro. Sigue haciendo lo que has estado haciendo. Quédate donde estás. Busca tiempo para el silencio y la soledad. No te mientas. Algo maravilloso está a punto de sucederte.

¿De qué se trata?

Ese descubrimiento por el que tantas personas viajan a los lugares más remotos está justo dentro de nosotros. El descubrimiento de nuestro propio *yo* nos conduce a pensar que nuestras imperfecciones en realidad forman parte de nuestra perfección. Somos perfectamente imperfectos. Ahora bien, esto no debería convertirse en una excusa para la condescendencia, y nuestro dilema se encuentra en descifrar qué aspectos de nuestra imperfección forman parte de quienes somos, y cuáles son el resultado de nuestra pereza, autoengaño, falta de decisión, expectativas erróneas, condicionamientos y experiencias pasadas.

Todo esto hace que busquemos nuestra verdadera identidad de formas tanto reales como imaginarias.

Todos tenemos imperfecciones. Algunas personas tienen la nariz torcida, pero esa nariz forma parte de su perfección. Algunas personas no tienen el don de poder aprender otros idiomas, pero son perfectas sin este talento. Por otra parte, algunas personas son groseras e impacientes. Esto es un defecto de carácter, una imperfección que se ha de corregir.

La clave es ser humilde y lo bastante sincero como para reconocer cuáles de esas imperfecciones forman parte de quienes somos y cuáles son obstáculos en el camino hacia nuestra perfección. Es un equilibrio difícil, y el conocimiento de nosotros mismos que se requiere para discernir la diferencia se adquiere paulatinamente. El secreto reside en aplicar estas verdades a nuestras vidas a medida que las adquirimos. De ese modo, la verdad seguirá desvelándose. La verdad vivida se convierte en sabiduría, y vivir las cosas que sabemos que son buenas y verdaderas engendra mayor sabiduría.

Nuestra perfección está extrañamente interconectada con nuestra imperfección. Es un misterio que sospecho que jamás llegaremos a entender del todo, pero a medida que nos debatimos con el mismo, celebremos la idea que encierran las palabras del poeta Rumí: «Bebe a sorbos este vino puro que te están escanciando. No te preocupes si la copa está sucia».

Todo empieza con una mentira

No sé si te habrás dado cuenta, pero la mayoría de nuestros dilemas empiezan con algún tipo de desconocimiento o engaño. ¿Te han dicho alguna vez que si te concentras en algo puedes conseguir lo que te propongas? Eso es mentira. Yo lo creí durante mucho tiempo. Esa es la mentira que crea la gran falla psicológica en el desarrollo de los y las jóvenes de nuestra sociedad. Una vez que se ha producido la falla, el terremoto es cuestión de tiempo.

Revisando mi infancia he podido identificar una falsa verdad que me contaron sistemática y repetidamente. Mis hermanos fueron engañados de la misma manera, igual que mis amigos. Las personas que nos la contaron pensaban que nos estaban ayudando. Sólo pretendían animarnos. Aparentemente, parecía que era una acción buena y noble, pero el daño se estaba produciendo en un nivel subconsciente.

Esta mentira tiene distintas versiones: «Puedes hacer todo lo que te propongas», o «Puedes ser todo lo que quieras siempre que te esfuerces más que nadie», o «Puedes tener todo lo que quieras si lo deseas lo suficiente».

Al principio era joven, y la gente joven suele creer a los mayores y a los que tienen cierta autoridad sobre ellos: padres, profesores, tutores, hermanos o hermanas mayores, incluso niñeras. De modo que me creí esa mentira. Me propuse cosas y fracasé. Deseé cosas intensamente y fracasé. Y con esos fracasos vinieron los sentimientos de culpa y de falta de autoestima, sentimientos que un joven es demasiado orgulloso para compartir, así que sólo podía tragármelos sin esperanza alguna de descifrarlos.

Desde entonces he podido ver ese mismo fenómeno en mis hermanos y amigos, y ahora lo veo en los jóvenes con los que trabajo en los institutos y universidades.

Se entregan con toda la fuerza de su voluntad y la concentración de su deseo, y no consiguen nada. La duda empieza a acecharles. Revisan los pasos que han dado. Parecen estar seguros de «haberse concentrado en ello por completo», como les habían animado a hacerlo. Lo han hecho lo mejor que han sabido, pero han fracasado. Siguieron esas máximas doradas que les habían dado sus profesores, padres, tutores, mentores y jefes..., y se quedaron cortos.

A veces fracasamos con las cosas porque sencillamente no son lo que nos conviene. Pero rara vez nos dicen eso cuando somos jóvenes y nuestras mentes son como esponjas. La gente no deja de repetirnos que podemos hacer todo lo que nos propongamos. Estas afirmaciones son tan categóricas y te las repiten tan a menudo que cuando las seguimos y fracasamos, sólo nos queda una conclusión: hay algo que no funciona bien en mí.

Aquí comienza la gran lucha contra la duda, la inseguridad, el no sentirse adecuado y la falta de autoestima. Muchos luchamos, consciente o inconscientemente, contra estos sentimientos durante toda nuestra vida. Sabemos que están allí, que nos están afectando, pero no sabemos qué hacer con ellos. Estos sentimientos influyen en nuestras relaciones, en la forma en que progresamos profesionalmente, en la forma en que distribuimos nuestro tiempo, en que planificamos nuestro futuro, en que soñamos o no soñamos.

Si es mentira que puedes hacer todo lo que te propongas, entonces ¿cuál es la verdad? Algunos dirían con cinismo: «*No puedes* hacer nada que te propongas». Pero también estarían equivocados. La verdad es ésta: somos capaces de hacer cosas extraordinarias, pero cada uno de una forma distinta. Nuestras habilidades únicas nos hacen más aptos para unas cosas que para otras.

¿Qué significa eso para ti? Significa que no puedes hacer todo lo que te propongas, y eso no te hace peor o imperfecto, sólo humano. Se trata de descubrir las cosas para las que vales, y esa es una de las mayores aventuras de esta vida y fuente de mucha felicidad.

No puedes hacer todo lo que te propongas. Si mides 1,20 metros, no eres apto para convertirte en la próxima figura legendaria del baloncesto. Pero sí que lo eres para ser tú mismo. Lo que te has de preguntar es: ¿cuáles son las verdaderas habilidades que puedes desarrollar?

Sólo se te pide una cosa

En el instituto, una de las asignaturas con las que realmente disfrutaba era la de artes plásticas. Me encantaba pintar y hacer cerámica, me entusiasmaban las historias de artistas que llenaban los volúmenes de la historia del arte que tenía que leer. No los leíamos o estudiábamos desde el principio hasta el final. No seguíamos ningún orden, y a mí me encantaba esa liberación de estructuras.

Recuerdo que al principio no me gustaba eso de ir saltando de un tema a otro. Los otros profesores me habían condicionado. Saltarse lecciones no me parecía bien. Recordé otro de esos malos consejos: «Termina siempre lo que has empezado». Y por eso me sentía culpable por no seguir ningún orden en el libro de historia del arte, pero también me encantaba. Las ilustraciones me intrigaban, y me llevaron a querer saber más de la vida y la época de los artistas que las habían creado, y así empezó mi fascinación por el arte y las extrañas personalidades de sus creadores.

En mis viajes por todo el mundo durante todos estos años, he visitado galerías de arte, grandes y pequeñas, en más países de los que mi mente puede recordar. Por supuesto, están las obras clásicas obligadas. En varias ocasiones he ido a ver la *Mona Lisa* de Leonardo, y he estado bajo *El juicio final* de Miguel Ángel en la

Capilla Sixtina deleitándome con asombro y admiración. Cada vez que regreso, me digo que será la última vez (no volveré a batallar contra los turistas), pero siempre hay algo que me hace volver. Cada vez hay algo nuevo y fresco en la experiencia. Siempre me inspiran, y las fuentes de inspiración son irresistibles e imposibles de desoír.

Matisse, Warhol, Chagall, Monet, van Gogh, Pollock: es sorprendente ver en cuántas ciudades del mundo puedes ver obras suyas. Pero mi favorito es Picasso. No estoy muy seguro de cuál es la razón, pero tanto su arte como su persona me intrigan. Hay ciertas cosas en la forma en que vivió que son trágicas o con las que no estoy de acuerdo, pero su cruda humanidad siempre me ha fascinado.

Hacia el final de su vida, en las entrevistas solía recordar: «Cuando era niño, mi madre siempre me decía: "Pablo, si te haces soldado, serás general, y si eres sacerdote, serás papa". Pero fui artista y me convertí en *Picasso*».

Todos y cada uno de nosotros hemos de realizar el mismo viaje desde las expectativas de los demás hasta la celebración de nuestro yo. No tiene nada de malo ser soldado o sacerdote. Pero si has nacido para ser artista y te has hecho soldado, es una tragedia. Ser aquello para lo que has sido creado es lo único que realmente importa, y es el único éxito duradero. Una mujer puede llegar a ser la mejor presidenta de su nación, pero si está más capacitada para ser profesora de instituto, sentirá el descontento toda su vida.

Éste es el descontento interno que hemos de identificar y erradicar.

El gran reto no es tener éxito sino descubrir nuestras habilidades únicas y ofrecerlas al mundo de la mejor manera posible. Sentirnos a gusto con quienes somos, con dónde estamos y con lo que estamos haciendo vale más que todo el dinero y los placeres del mundo. El éxito mundano y material es sencillo en comparación con eso. El verdadero reto no es la búsqueda del éxito, sino alcanzar la tranquilidad interior de ser fieles a quienes realmente somos.

Cuando estudiaba el judaísmo, las enseñanzas e historias del rabino Zusya siempre me fascinaron. La sabiduría es transmitida a todas las personas de todas las edades a través de grandes personajes, y él fue uno de ellos. Una vez dijo: «En el mundo venidero no me preguntarán: "¿Por qué no fuiste Moisés?" Me preguntarán: "¿Por qué no fuiste Zusya?"»

«¡Sé tú mismo!» ¿Cuántas veces hemos escuchado esta frase? Me encanta el final de la canción «Englishman in New York», cuando Sting repite una y otra vez: «*Be yourself no matter what they say*», sé tú mismo digan lo que digan. Soltamos esa idea por ahí, pero no nos paramos a pensar en lo difícil que es eliminar los residuos de las expectativas de las otras personas, de las experiencias pasadas y de las falsas expectativas que tenemos respecto a nosotros mismos.

Sólo se nos puede pedir razonablemente una cosa: sé tú mismo. Muchas personas utilizan esto como excusa para caer en conductas destructivas o justificar sus debilidades. Proclaman en voz alta: «¡Yo soy así!» Todos hemos de corregir esta conducta inmadura en algún momento de nuestra vida. Pero es una etapa que hemos de superar, no un destino desde el cual podamos vivir nuestras vidas.

Recuerda siempre esto: ser tú mismo nunca te conducirá a tu propia destrucción en ningún grado o manera. Ser tú mismo nunca hará que te conviertas en una versión inferior de ti mismo. Y ser tú mismo significa que todo lo que hagas y digas ayudará a los demás a ser mejores-versiones-de-ellos-mismos.

NUESTRO AFÁN DE COMPLACER

Desde el día de nuestro nacimiento, todos queremos llegar a saber quiénes somos. Las etapas del desarrollo nos indican que al principio tomamos nuestra identidad de las personas y lugares que nos rodean. Pero a medida que pasa el tiempo, empieza a emerger nuestra identidad independiente.

Oímos historias sobre «los terribles dos años», cuando los niños aprenden a decir «no». Al principio simplemente están probando las fronteras para saber dónde se encuentran, pero aun siendo muy jóvenes, enseguida son conscientes de su poder para manipular a las personas y las situaciones. El afán de controlar se manifiesta muy pronto. El otro periodo en el que nos debatimos con fuerza con la identidad es la adolescencia, cuando empezamos a tener escarceos con las decisiones de adultos y afirmamos nuestra independencia.

Paralelo a nuestro deseo de independencia en todas estas etapas del desarrollo está nuestro afán de complacer a los que nos rodean. Ese deseo nace de nuestra necesidad de afirmación, de recibir apoyo, de ser aceptados y de la necesidad de pertenecer a algo. Queremos ser independientes, pero también queremos agradar y que nos quieran. Esto es natural, pero dependiendo de a quiénes queramos complacer y cómo intentemos hacerlo, esto nos hace vulnerables a todo tipo de distorsiones psicológicas. Sin embargo, la mayoría atravesamos estos periodos saliendo relativamente ilesos, teniendo en cuenta el enorme riesgo que existe. Pero algunas experiencias pueden asustarnos, y ese deseo de complacer tanto de formas saludables como de otras no tan saludables está muy arraigado en nosotros.

Satisfacer las necesidades de otros es sin duda una forma de encontrarnos a nosotros mismos, pero también puede ser una forma de perdernos. Este deseo de complacer a otro forma parte del vínculo indescriptible que existe entre todos los dispares miembros de la familia humana. Pero nuestro deseo de complacer y de servir debe ser guiado por las necesidades de otros, no por motivos egoístas. Hemos de servir a los demás por el propio servicio, no por conseguir algún beneficio personal.

Hay algunas personas a las que siempre intentamos complacer, por todo tipo de razones saludables y no tan saludables, razones que parecen estar tan interconectadas con quienes somos que ni todo un equipo de psicólogos llegaría a entenderlas. ¿A quiénes intentamos complacer casi siempre? En la mayoría de los casos, a los padres, o a alguno de ellos. En otros, puede tratarse de algún mentor en el campo profesional o personal. Y para otros, puede ser algún amante pretérito o el primer amor.

En mi caso, se trata de mis padres. Cuando miro retrospectivamente, me doy cuenta de que siempre he querido complacer a mi madre y a mi padre; más que eso, he querido impresionarles. Pero lo más importante es que he querido que se sintieran orgullosos de mí. Afortunadamente, nunca han ejercido ninguna presión o han tenido alguna expectativa sobre mí en el aspecto profesional o vocacional. Cuando empecé a hablar en público y a escribir, no parecía gustarles demasiado. Me di cuenta de que se cuestionaban mi decisión, pensaban que estaba cometiendo un error y estaban preocupados. Esa situación me causó muchos quebraderos de cabeza. Pero tuve la buena fortuna de que la llamada interior era muy fuerte y que por aquel entonces había desarrollado el hábito diario de pasar algún tiempo en el aula del silencio para escuchar a mi voz interior.

Sin embargo, todavía hay días en los que me embarga el deseo de complacerles. Sé que me quieren muchísimo, pero quiero que se sientan orgullosos de mí de un modo en que unos padres nunca han estado orgullosos de un hijo. Incluso ahora que mi padre ha muerto, todavía quiero que esté orgulloso de mí. Hay momentos en los que hago una pausa y recuerdo cuánto me quiso y lo complacido que estaba hacia el final de su vida de cómo yo había elegido pasar la mía. Sin embargo, todavía anhelo más seguridad.

La experiencia me ha enseñado que no estoy solo en todo esto. Una de mis pasiones es el cine. La televisión no me gusta demasiado, pero me encantan las películas que me sacan de mi pequeño mundo y expanden mi visión de mí mismo y de lo que me rodea. Una de mis favoritas de todos los tiempos es *El mejor*, de Robert Redford. Redford interpreta el papel de un novato de 40 años, Roy Hobbs, que ayuda a alcanzar los primeros puestos a un equipo neoyorquino que no atraviesa su mejor momento.

Al final de la película, el entrenador está hablando con uno de sus ayudantes y le cuenta que su madre siempre le había dicho que tenía que ser granjero. El entrenador debe tener poco menos de 70, o quizá poco más de 70, y todavía está pensando en lo que su madre pensaba que debía haber hecho en la vida. Luego sigue diciendo que si hubieran ganado el banderín, lo habría dejado todo y se habría comprado una granja.

Hobbs está de pie detrás de los entrenadores observándolos mientras se afeitan y escuchando su conversación. «No hay nada como una granja», dice con una sonrisa para hacerles notar su presencia. El entrenador le mira a través del espejo sin girarse y le responde: «Mi madre siempre me había dicho que tenía que ser granjero».

La sonrisa de Hobbs se desvanece y deja la mirada perdida durante un momento como si estuviera recordando algo muy lejano, luego volviendo a mirarle con toda la convicción de su destino responde: «Mi padre siempre quiso que fuera jugador de béisbol».

Es increíble el efecto que puede tener sobre nuestras vidas que nuestra madre quisiera que fuéramos abogados o médicos, o que nuestro padre quisiera que fuéramos profesores o jugadores de béisbol. Cuento todo esto para ilustrar los fuertes vínculos emocionales que llevamos dentro durante toda nuestra vida y la enorme carga que pueden suponer las expectativas de otras personas.

Parte del proceso de autodescubrimiento es desarrollar el deseo de complacer y servir a los demás de formas saludables. Sé de padres que todavía hacen el aseo, van a comprar, lavan la ropa y hasta hacen las camas de sus hijos mayores. Eso no es bueno ni para los hijos ni para los padres. Crea una situación de control y de codependencia que acaba afectando negativamente a su relación y a su capacidad para ser realmente ellos. Por otra parte, sé de padres que se han cruzado el país ante una emergencia para cuidar de un hijo enfermo, y esto se ha convertido en el nacimiento de una relación más profunda entre padre e hijo.

También es importante recordar que lo que es bueno para ti puede no serlo para otro. Ofrecerte como voluntario para organizar una subasta en el colegio de tus hijos o ayudar a cuidar a los niños de tu comunidad puede ser muy saludable para ti, pero para otra persona que ya tenga muchas otras preocupaciones, puede ser nefasto. Algunas cosas son muy insanas por naturaleza, otras lo son cuando se añaden a otras que ya están sucediendo. A veces las cosas buenas son malas para *ti*.

Hay varias pruebas que pueden ayudarnos a determinar si nuestro afán de servir es saludable. Podemos empezar examinando nuestros motivos. ¿Por qué estamos pensando en hacerlo? ¿Es por un sentido de obligación, de culpa, o porque sentimos realmente una llamada a servir de ese modo? ¿Va a ayudar a la otra persona que nos convirtamos en la-mejor-versión-de-nosotros-mismos? ¿Te va a ayudar a ti convertirte en la-mejor-versión-de-ti-mismo? Si nos han pedido que hiciéramos algo, ¿quién nos lo ha pedido y cuáles eran sus motivos? Otro poderoso método de discernimiento es escuchar a tu cuerpo. Cuando piensas en lo que tienes delante, ¿sientes el corazón ligero, o pesado y con sensación de opresión? Por último, pregúntate cómo te sentirás cuando hayas terminado de hacer lo que te has propuesto.

No podemos avanzar mucho en ninguna dirección, y como sucede en la mayoría de las cosas, la respuesta está en el término medio. Algunas personas se niegan a servir a otras y se quedan totalmente absortas en un mundo egocéntrico. Otras están tan atrapadas en el servicio que pierden de vista quiénes son realmente. Todos tenemos una gran necesidad de servir, de contribuir. En mi propia búsqueda de la felicidad me gusta recordarme que conozco a muchas personas egoístas, pero a ninguna de ellas que sea feliz. Aprender a servir a los demás forma parte del proceso de maduración como seres humanos. Sencillamente necesitamos encontrar un equilibrio saludable.

Nuestro deseo de complacer es innato. Al final hemos de decidir cuál va a ser nuestro público: nuestros padres, hijos, amigos, colegas, jefes, críticos, pareja, yo, Dios. Todos hemos conocido a personas que intentan complacer a todos y que terminan siendo muy desgraciadas. ¿Quién es tu público?

¿Eres feliz?

De verdad, piensa en ello un momento. No pases de largo esta pregunta como si fuera una frase más de esta página. Al principio yo siempre respondía que sí, ya fuera porque era eso lo que querían oír o porque sentía que tenía que ser así. Pero me daba cuenta de que a veces no era auténtico. A veces no era feliz. De modo que empecé a reflexionar cuando la gente me lo preguntaba y me tomaba la temperatura, por así decirlo, para poder responder con sinceridad.

Para la mayor parte de las personas la respuesta es «Sí o no», o «Sí, pero podría ser más feliz». Hay muy pocas personas, quizá ninguna, que sean totalmente desgraciadas en sus vidas. Pero también hay muy pocas, quizá ninguna, que sean totalmente felices.

Algunas personas son desgraciadas porque no les gusta su trabajo o su pareja. Otras son desgraciadas porque no saben relajarse o apreciar quiénes son o lo que tienen. Algunas son muy desgraciadas debido a un desequilibrio químico en su cerebro. Lo he visto. Es trágico y real. Pero la mayoría somos infelices cuando nos alejamos de nosotros mismos.

La infelicidad es el fruto de hacer y decir cosas que contradicen quiénes somos y para lo que estamos aquí. La infelicidad no es algo que nos sucede porque somos pobres víctimas. La infelicidad es algo que nos hacemos a nosotros mismos. Puedes elegir ser feliz.

Hay personas que han elegido ser felices en peores circunstancias que aquellas en las que tú o yo podamos nunca encontrarnos. Nadie ha demostrado eso con más fuerza que Viktor Frankl en *El hombre en busca de sentido* mientras recordaba sus experiencias en los campos de concentración nazi durante la Segunda Guerra Mundial. Una y otra vez se encontró con personas que, aunque se morían de hambre, compartían sus exiguas raciones con los demás. Frankl explica que mientras algunos se suicidaban o se hundían en su propia miseria, otros rebosaban de una inexplicable felicidad, una verdadera dicha independiente de sustancia o circunstancia. Su felicidad no dependía de que las circunstancias externas fueran favorables, sino que tenía su fuente en su interior.

¿Qué provoca la infelicidad?

¿Sientes la carga de las expectativas que has puesto en ti? ¿Son saludables y realistas estas expectativas o son insanas? ¿Les dices a los demás que han sido otros los que han puesto en ti estas expectativas? ¿Les dices a los demás que son otras personas las que te hacen infeliz? ¿Que si hicieran lo que se supone que han de hacer, entonces serías feliz? ¿Es el mundo entero el que está fuera de lugar o eres tú? Quizá sea más fácil que todo eso. Quizá sea tu trabajo, tu pareja, tu jefe o tus hijos.

Hay un número ilimitado de formas y razones para ser infeliz en este momento. La infelicidad siempre es una opción, pero también lo es la felicidad.

¿Qué es la felicidad? No es fácil de definir, pero todos la conocemos cuando la experimentamos. Muchas veces me he preguntado qué consideraría Thomas Jefferson que era la felicidad cuando escribió en la Declaración de Independencia: «Sostenemos como evidentes estas verdades: que todos los hombres son creados iguales; que son dotados por su Creador de ciertos derechos inalienables, y que entre éstos están la Vida, la Libertad y la búsqueda de la Felicidad».

Voy a hablarte de mis experiencias con la felicidad y de su desagradable hermana gemela, la infelicidad.

Lo primero que aprendí es que nunca podrás ser feliz pretendiendo ser alguien que no eres. Demasiadas veces y de formas demasiado bochornosas como para recordarlas he intentado impresionar a la gente pretendiendo ser de otra manera. La sutil voz interior me delataba que estaba traicionándome, pero no la escuchaba. La consecuencia era que me sentía muy mal en mi piel y el resultado no era nunca el que tontamente me había convencido de que sería.

La mayoría de las personas pueden reconocer a alguien que pretende ser algo que no es con la misma facilidad que identifican a un adolescente que quiere ser el centro de atención, o a un hombre que lleva unos zapatos cuatro números más grande. Si somos felices, lo seremos siendo nosotros mismos.

Lo segundo que aprendí es que el placer y la felicidad no son sinónimos. La diferencia entre ambos es sutil pero real.

El placer no se puede mantener más allá de la experiencia de producirlo. Comes y experimentas placer. Dejas de comer y el placer termina. Por eso no dejamos de comer. Comemos aunque no tengamos hambre para disfrutar del placer de comer. Hemos desconectado el comer de la función que nos permite alimentar nuestro increíble cuerpo y lo hemos convertido en un pasatiempo. Lo mismo sucede con muchos otros placeres de este mundo.

La felicidad es diferente. La felicidad se puede mantener más allá de la experiencia de producirlo. Pongamos el ejemplo de hacer ejercicio o gimnasia. Vuelves del trabajo a casa y es tu día de hacer ejercicio. Ahora no te apetece mucho, pero has de tomar una decisión. ¿Te vas a sentar en un sillón reclinable delante de la enorme pantalla de la caja para idiotas con una bolsa de patatas fritas, o vas a hacer ejercicio? La elección está en tu mano. La pregunta es: ¿qué es lo que te aportará felicidad? Algunos dirían que comer patatas y ver la televisión, pero están confundiendo el placer con la felicidad real y duradera.

Piensa en otros momentos en los que no te apetecía hacer ejercicio. En algunas de esas ocasiones probablemente elegiste el sillón, las patatas fritas y la tele. ¿Te hizo feliz? ¿Cómo te sentías a las tres o cuatro horas? ¿Renovado y rejuvenecido? Creo que no. ¿Cómo te sentías contigo mismo?

Por otra parte, piensa en todas las veces en las que no te apetecía hacer ejercicio, pero lo hiciste de todos modos. Una vez que has terminado de hacer gimnasia, siempre estás satisfecho, ¿no es cierto? Y esa sensación de bienestar y satisfacción dura horas después de haber terminado con tu sesión. Eso es la felicidad. La felicidad se puede mantener más allá de la actividad de producirla.

Demasiadas veces juzgamos una actividad por cómo nos sentimos respecto a la misma antes de realizarla. Es un concepto erróneo. No debemos juzgar las actividades por cómo nos sentimos antes de hacerlas, sino por cómo nos sentimos después.

En cada momento de nuestra vida, elegimos entre la felicidad y la infelicidad. A veces la infelicidad a largo plazo viene disfrazada del placer a corto plazo. Tarde o temprano, la mayoría nos hacemos conscientes de que nuestro deseo de felicidad es mucho más que un deseo de placer, y que el placer no saciará nuestra sed de felicidad. Algunas personas aprendemos más despacio que otras, pero con el tiempo, la mayoría descubrimos que lo que en realidad anhelamos es una felicidad duradera en un mundo siempre cambiante. Por desgracia, muchas personas se han creado graves adicciones de por vida antes de llegar a esta conclusión y viven el resto de sus vidas esclavas de ese placer.

Anhelamos la felicidad que se puede mantener independientemente de las sustancias —comida, bebida, drogas— e independientemente de las circunstancias —éxito, dinero, posesiones, oportunidades, clima, etcétera.

La felicidad es un trabajo interior, y poco tiene que ver con las sustancias, el dinero, las posesiones, el placer o las circunstancias.

La tercera conclusión a la que he llegado en mi búsqueda de la felicidad es que la filosofía de la cultura popular está llena de imperfecciones. Nuestra cultura propaga la idea de que si sales a conseguir lo que buscas, serás feliz. Durante cincuenta años, ésta ha sido la filosofía predominante y la gente sale a la calle a buscar lo que quiere. Pero mira a tu alrededor. No hay pruebas en nuestra sociedad que sugieran que la gente es más feliz hoy que hace cincuenta años. De hecho, parece que sucede justo lo contrario las personas parecen más irritables, inquietas y desconectadas que antes. Los índices de suicidios y la depresión están alcanzando niveles de epidemia, y seguimos promulgando esta filosofía como si fuera la cura para nuestros males.

La filosofía de «sal a conseguir lo que buscas» es un experimento fracasado, pero seguimos diciéndonos que cuando consigamos en cantidad suficiente lo que queremos, seremos felices. La razón por la que esto no funciona es simplemente porque nunca puedes conseguir suficiente de lo que en realidad no necesitas. Conseguir lo que quieres no necesariamente va a hacerte feliz. Has de querer las cosas adecuadas. La felicidad nace de querer y buscar lo que realmente necesitamos.

Mi cuarta y última conclusión es la siguiente: la felicidad no se puede hallar buscando la felicidad. Es una idea paradójica. Es una idea que la mayoría se niegan a considerar o a creer. Pero es una de las grandes verdades en nuestra búsqueda de la felicidad duradera. Si partes en busca de la felicidad, te eludirá en cada esquina. Si conviertes la felicidad en un fin, nunca la alcanzarás. La felicidad no es un fin, ni tan siquiera una experiencia. La felicidad es una consecuencia.

La felicidad no se consigue buscando la felicidad, sino viviendo correctamente. Mi amigo Tony siempre me dice: «¡Sólo haz la siguiente cosa correcta!» En toda situación, en cada encrucijada, simplemente procura que lo siguiente que hagas sea correcto.

Si la elección en este momento está entre hacer ejercicio o vegetar delante de la tele, basta con que lo siguiente que hagas sea correcto. Si has de elegir entre engañar a tu esposa o serle fiel, haz que la siguiente cosa sea la correcta. Si la elección está entre trabajar bien y duro o la pereza y el posponer, haz que la siguiente cosa sea la correcta.

Algunas personas pueden argüir que estos ejemplos son muy simples y preguntarme: «¿Qué me dices si he de elegir entre ayudar a mi hijo con sus deberes o ayudar a mi esposa a fregar los platos?», o «¿Cómo puedo elegir entre esforzarme por conseguir una promoción que me permitirá ganar bastante dinero para pagar la universidad de mis hijos, o aceptar un trabajo que me encanta pero que limitará su elección de universidad?» Las situaciones que nos plantea la vida pueden tener muchas zonas grises. Lo que hemos de recordar es que sólo podemos tomar una decisión a la vez. La mejor forma de prepararnos para el futuro es tomar la decisión correcta ahora. ¿Te equivocarás al tomar alguna decisión? Seguro que sí. Todos nos equivocamos. Pero la mayor parte de las veces, si seguimos nuestro instinto —si nos paramos a escuchar a nuestra voz interior— vamos a acertar.

Procurando que la siguiente cosa que hagamos sea correcta, llegamos a conocer las respuestas correctas que no pudimos responder antes porque no tuvimos tiempo. ¿Quién puede saber lo que vas a hacer dentro de un mes, de un año o dentro de diez años? Pero si en cada momento te preocupas de hacer la siguiente cosa correcta —lo que te ayudará a convertirte en la-mejor-versión-de-ti-mismo ahora—, cuando llegue el momento, te darás cuenta de que estarás tomando las decisiones que ahora te abruman con la misma calma y conocimiento. No tomes decisiones ahora que se supone que has de tomar dentro de una semana, de un mes o de un año. Toma hoy las buenas decisiones respecto a los asuntos que decides hoy.

Nada aporta mayor felicidad que vivir correctamente. Piensa en esa gentil voz interior. Todos tenemos una. Algunos lo llaman conciencia. Llámala como te plazca, pero todos la tenemos. Yo la llamo la-mejor-versión-de-mí-mismo hablándome, suplicándome que la deje salir a la luz. Esa voz interior desea desesperadamente conducirnos a la felicidad, pero demasiadas veces no la escuchamos, o le damos la espalda al camino que nos indica. Deja que te haga una pregunta. ¿Cuándo ha sido la última vez que has vivido de acuerdo con lo que esa gentil voz interior te ha sugerido y el resultado ha sido la felicidad? ¿Cuándo te ha traicionado esa voz?

¿La búsqueda de la felicidad significa cosas diferentes para cada persona? Significa cosas distintas para ti y para mí en diferentes etapas de nuestro viaje. Algunas personas están más predispuestas de forma natural a la felicidad. Tienden a la gratitud. Otras parecen más predispuestas a ser irritables, inquietas y a estar descontentas.

He de confesar que yo me considero de estas últimas. Cada día he de esforzarme mucho para crear una buena disposición para la gratitud. Normalmente tiendo a ser escéptico y pesimista. Sin darme cuenta puedo estar irritable, inquieto y descontento. Probablemente, no siempre he sido así, y no niego que debo haber hecho algo para forjar estas tendencias. Seguramente no nací con ellas, pero vivo con ellas todos los días. Quizás en esto simplemente estoy siendo duro conmigo mismo, como lo soy con muchas otras cosas.

Algunas personas parecen felices por fuera, pero están extraordinariamente tristes por dentro. Una vez salí con una chica que era así. Era espectacularmente bonita, inteligente y divertida, perfecta en muchos aspectos. Siempre sonreía, se reía y hacía que los demás se rieran y sonrieran. Pero a medida que la fui conociendo mejor, me di cuenta de que sólo era una fachada. En lo más profundo de su ser albergaba un mundo de temor y rencor.

La felicidad no es como la riqueza o la sabiduría: los que las poseen, generalmente no necesitan hablar de ellas, y los que siempre hablan de ellas, generalmente carecen de las mismas. Sabes cuándo lo has conseguido y sabes cuándo no es así, pero ¿sabes qué es lo que la crea? Las nueve lecciones para una felicidad duradera proporcionan visiones prácticas y potentes sobre cómo crear felicidad duradera en este mundo cambiante. No son un programa opresivo de «haz esto o aquello», sino sugerencias sobre cómo enfrentarte a la vida día a día.

Una oportunidad para darle la vuelta a todo

Suelo terminar mis *e-mails* con las últimas palabras de uno de mis trabajos anteriores: «¡Algo maravilloso está a punto de suceder!»

Las personas a menudo me preguntan cómo puedo ser siempre tan optimista, sabiendo los retos a los que se enfrenta la Humanidad y habiendo visto y experimentado tantas cosas. Mis razones para tener esperanza son muy sencillas. En primer lugar, creo que la gente es buena por naturaleza. En su mayoría, la gente desea el bien para los demás; quieren que a ti y a mí nos sucedan cosas buenas. La segunda razón es porque creo en nuestra capacidad para cambiar y crecer. Muchas personas no creen que la gente cambie, pero he visto a hombres y mujeres superar patrones de fracaso y conductas adictivas que parecían no tener remedio, y en esas personas he sido testigo del milagro de la transformación humana. Mi tercera razón es porque sé que en cada momento tenemos la oportunidad de darle la vuelta a todo.

Hace un par de semanas recibí una carta de una mujer que había leído mis libros y había visto la frase: «¡Algo maravilloso está a punto de suceder!» Entre las miles de cartas que recibo, de vez en cuando hay una nota, una carta o un *e-mail* que contiene algo extraordinario. En su carta sencillamente quería hacer la observación de que, aunque fuera bueno y saludable tener esperanza en el futuro, no debíamos pasar por alto el hecho de que algo maravilloso *ya está* sucediendo.

Ese algo maravilloso que está sucediendo es este preciso momento. Los momentos llegan sin anunciarse. Los momentos importantes son especialmente difíciles de predecir. La única forma real de estar preparado para los momentos maravillosos y difíciles de la vida es practicar constantemente la conciencia del momento presente.

La conciencia del momento presente se puede conseguir de varias maneras sencillas. Puedes decidir que simplemente vas a preguntarte una y otra vez: «*¿Qué puedo hacer ahora mismo para que me ayude a estar más cerca de lograr la perfección?*» Si ése fuera el mantra de tu diálogo interior, con el tiempo te convertirías en un maestro de la conciencia del momento presente y de la participación.

Demasiadas veces pasamos nuestros días y semanas deseando que nuestra vida fuera distinta, esperando que alguna experiencia futura sobre la que hemos estado fantaseando borre todos nuestros problemas y nos haga felices. Entretanto, nos perdemos la vida, el momento presente.

Lo que más me gusta de los momentos es que son manejables. Puedo manejar un momento. Los días, las semanas, los meses y los años parecen eternidades. Si me propongo que no voy a comer chocolate en un mes, empiezo a obsesionarme. Pero, si cuando empieza el antojo empiezo a decirme «Ahora no», eso lo puedo manejar. De este modo los momentos desempeñan una poderosa función enseñándonos a progresar y a celebrar nuestro progreso.

La otra cosa maravillosa sobre los momentos es que nos proporcionan breves visiones de la-mejor-versión-de-nosotros-mismos. Cada día hay momentos en los que puedo mirar atrás y decir sinceramente: «Durante ese momento fui verdaderamente yo mismo». No hay muchos, pero sí algunos. En esos momentos sé que no podía haberlo hecho mejor. Cuanto más reconozco y celebro esos momentos, y más trato de entender lo que me ha permitido medrar en ellos, más cuenta me doy de que los repito.

Piensa en ello. ¿En qué momentos durante la semana pasada o la anterior fuiste tú mismo? ¿Cuáles fueron los factores que contribuyeron en ello? ¿Cómo puedes aumentar el número de momentos?

Estos momentos nos proporcionan las claves que nos indican qué camino nos conduce al lugar donde estamos en paz con nosotros mismos, con el lugar donde nos encontramos y con lo que estamos haciendo. Cuando estamos en paz con nosotros mismos, es sorprendente ver lo fácil que resulta ver lo bueno que hay en todas las personas y cosas. Cuando ese sentimiento de gratitud con la vida nos desborda, nuestra alma se permite volar.

Sería un error por mi parte no reconocer el papel que desempeña el momento en nuestro éxito en cualquier campo. Todo éxito tiene sus raíces en ser capaces de aprovechar el momento, vivirlo y extraer de él lo que quiera que tengamos que aprender, ganar o conseguir.

Aquí en mi despacho, en mi mesa, en el lugar donde escribo, tengo un reloj de arena. Le doy la vuelta y vacía toda la arena en el tiempo exacto de una hora. Hace varios años, una de las veces que estuve en Roma paseaba con mi amiga Gaia y lo vi en un escaparate de una famosa tienda de juguetes que hay al lado de la Piazza Navona. Nada más verlo supe para qué lo quería y dónde iba a colocarlo.

Puede que te estés preguntando por qué es una herramienta tan importante para mí. La razón es porque, por una parte, siempre perdemos el tiempo. Nunca tenemos tiempo. El tiempo o se emplea sabiamente o se malgasta. Llevamos relojes de pulsera y miramos los relojes de pared. Sus manecillas no dejan de dar vueltas o sus números digitales cambian con la misma frecuencia que se mueven las manecillas. Todo esto crea la ilusión de que el tiempo siempre está presente. Da la impresión de que el tiempo es circular. No es verdad. El tiempo es lineal. Cuando ha pasado, ha pasado.

Parece que siempre hay alguien haciendo una nueva versión de la novela de H. G. Wells, *La máquina del tiempo*. En las versiones más recientes hacen hincapié en este mensaje: no puedes cambiar un momento del pasado, por lo tanto atrapa el presente y cambia el futuro. El momento presente está cargado de poder. Utilízalo, dirígelo, aprovéchalo. Los momentos son como los pétalos de una rosa: caen al suelo si se han marchitado.

De la confusión a la claridad

Pasamos un montón de horas planificando y preocupándonos por un futuro lejano que nadie sabe si llegará, y sin embargo, pasamos por alto el hecho de que nuestro futuro se determinará según vivamos el aquí y el ahora. En el lenguaje financiero, la lección es: cuídate de los peniques, que los dólares se cuidarán de sí mismos. En el lenguaje de la vida y del tiempo, la lección es muy parecida.

Cuando estoy frustrado, furioso, confundido o distraído, suelo llamar a mi buen amigo Tony. Siempre me hace la misma pregunta: «Bueno, ¿qué te pasa?» Luego me deja que me desahogue un poco. Creo que hace mucho tiempo que sabe que yo necesito personas en mi vida que me den la oportunidad de desahogarme, y él se me ha ofrecido heroicamente de esta manera. Cuando ya he terminado de explicarle lo que me aflige, suele darme el mismo consejo sencillo: sólo has de hacer la siguiente cosa correcta.

Siempre me lo dice, siempre me lo repito. Sin embargo, sigo necesitando escucharlo una y otra vez. Es sorprendente la rapidez con que las cosas pueden cambiar para mejor si nos centramos en hacer la siguiente cosa correcta. Quizás eso signifique hacer ejercicio, quizá disculparse. Puede suponer ir más allá de las excusas y de posponer y lanzarnos a trabajar o a proyectar. Puede implicar comer alimentos buenos y saludables o llamar a tu madre.

Una de las razones por las que hacer la siguiente cosa correcta puede cambiar las cosas con tanta rapidez es porque normalmente lo que pensamos que es un problema o lo que nos aflige es imaginario. En nuestra mente lo vemos de forma distinta de lo que es en realidad, porque tendemos a distorsionar y a exagerar. Otra razón por la que hacer la siguiente cosa correcta puede cambiar nuestro estado con tanta rapidez es porque nos sitúa inmediatamente en la dirección del progreso. Y cuando estamos progresando, nos sentimos mejor con nosotros mismos y con nuestra vida.

A veces las personas me dicen: «Pero, ¿y si no sabes cuál es la siguiente cosa correcta?» Lo cierto es que casi siempre lo sabemos. Más del 99 por ciento de las veces sabrás cuál es la siguiente cosa correcta para ti si te quedas en silencio y conectas con lo más profundo de tu ser. Sabrás lo que puedes y debes hacer ahora mismo para llegar a ser una-mejor-versión-de-ti-mismo. El otro 1 por ciento del tiempo puede que tengas que consultar con algún amigo en quien confíes plenamente para ayudarte a descubrir la acción correcta, pero si te comprometes a hacer la siguiente cosa correcta, descubrirás cuál es.

La verdadera belleza de concentrarte en las acciones inmediatas es que levantan las nubes de la confusión. Todos tenemos momentos en los que estamos confundidos, pero rara vez estamos confundidos sobre lo que deberíamos estar haciendo en el momento presente. Basta con que hagas la siguiente cosa correcta y verás con qué claridad descubrirás cuál es el paso siguiente. La claridad se produce momento a momento.

¡Sólo haz la siguiente cosa correcta! Éste es el mensaje que nuestro yo interior nos está gritando a lo largo de toda nuestra vida. Un paso conduce al otro. Los pasos intermedios no se pueden evitar. Acepta el ahora, y el futuro será más rico y abundante porque habrás tenido la sabiduría, el valor y la disciplina de aceptar el momento.

La segunda lección para una felicidad duradera es:

SÓLO HAZ LA SIGUIENTE COSA CORRECTA

Tanto si te estás esforzando para superar un patrón de derrota y anhelas paz interior, si estás intentando conseguir felicidad duradera, deseando tener éxito en tu carrera, intentando desesperadamente corregir tu vicio de posponer las cosas o luchando contra una adicción, esta lección encierra la respuesta para ti. Sólo has de hacer la siguiente cosa correcta. En cada momento, sigue haciendo lo correcto.

No puedes pensar en que alguien te saque de los problemas o que hable por ti. Has sido tú quien los ha provocado con tus acciones, y saldrás de ellos actuando. Has de actuar de verdad, no fingirlo. Es la acción intencionada la que te conduce a una-mejor-versión-de-ti-mismo, y la acción es la clave del progreso.

Cada vez que tengas miedo, haz la siguiente cosa correcta. Y sigue haciéndolo. Te sorprenderá ver la rapidez con la que superas el miedo si lo afrontas de este modo. No te preocupes por la semana, el mes o el año siguiente. Haz la siguiente cosa correcta y sigue haciéndolo, de este modo irás destruyendo paulatinamente los patrones negativos. No puedes pensar, pedir, desear o esperar salir de un patrón que te está frenando. Has de actuar para superarlo, paso a paso.

Momento a momento, simplemente haciendo la siguiente cosa correcta, pasarás de la confusión a la claridad, de la falta de entendimiento a la percepción verdadera, de la desesperación a la esperanza, de la oscuridad a la luz, y descubrirás tu yo más auténtico.

Aplica tu segunda lección para una felicidad duradera:

SÓLO HAZ LA SIGUIENTE COSA CORRECTA

Aplicaré la segunda lección para una felicidad duradera en mi vida dando los pasos siguientes:

1. En todo momento y circunstancia haré lo que honradamente crea que es la siguiente cosa correcta. Me haré preguntas durante el día, especialmente cuando me dé cuenta de que estoy distraído, falto de concentración o sin hacer nada: *¿Qué puedo hacer ahora para que me ayude a perfeccionarme?* Cuando haya determinado cuál es la siguiente cosa correcta, actuaré sin dudarlo.

2. Consultaré con mi yo interior en todas las decisiones, deteniéndome cuando sea necesario para reflexionar sobre cuál es la mejor acción para la situación que tengo entre manos. Aprenderé a tomar nota cuando esté experimentando tranquilidad o intranquilidad interior. Recordaré que las mejores decisiones que tomamos y las únicas que jamás lamentamos, son las que se toman desde lo más profundo de nuestro ser.

3. Participaré más plenamente de cada momento practicando la conciencia del momento presente. Buscaré activamente las lecciones y oportunidades que cada momento quiera concederme. En cada momento estaré presente y abierto a las personas, lugares y actividades.

4. Elegiré la felicidad como mi actitud emocional natural. Cuando elijo la infelicidad, lo haré para curarme de cualquier herida que haya sufrido. En esos momentos, no me resistiré a la infelicidad, sino que me entregaré a ella, me sumergiré como un medio para la sanación. Seré muy consciente de las personas, de las acciones, pensamientos, lugares y cosas que contribuyen a mi felicidad o infelicidad. Con el tiempo, empezaré a tomar nota de las personas y las cosas que me hacen feliz.

5. Abandonaré la idea de la perfección que se centra en las apariencias externas y buscaré la perfección que se centra en el carácter, la integridad y la realidad interior. Estaré atento al hecho de que ser yo mismo siempre me conducirá a la-mejor-versión-de-mí-mismo. Intentaré determinar sinceramente cuáles aspectos de mi imperfección forman parte de quien soy y cuáles proceden de un defecto de mi carácter. En toda encrucijada, me recordaré que mi única obligación es ser yo mismo.

3

Mira al futuro

Si somos sinceros respecto a nuestro deseo de mejorar a nivel personal y que mejore el mundo en que vivimos, ¿sabemos qué es lo que nos aportará este progreso? ¿Creemos realmente que el dinero y que un nivel de vida más alto resolverá nuestros problemas o nos dará felicidad? ¿Puede la política conseguir el cambio que tanto deseamos para nuestras vidas y nuestro mundo?

Probablemente existan muchas cosas que pueden aportarnos el progreso que deseamos, pero la visión que me parece más convincente es la de la navaja de Occam: que permitamos que la respuesta más sencilla sea la que nos guíe. ¿Cuál es la solución más sencilla para los problemas a los que nos enfrentamos? ¿Qué factor afectará más al cambio que deseamos? ¿Qué es lo que más progreso genuino aportará a nuestras vidas y a la sociedad en general?

La respuesta es: el carácter. El carácter influirá más en nuestro futuro que ningún otro ingrediente. El carácter es la mejor preparación para cada escenario. El carácter es la mejor inversión que podemos hacer en nuestro futuro y en el futuro de la humanidad. El carácter es la respuesta sencilla, pero sería un error confundir *simple* con *fácil*.

¿Puedes conocer el futuro?

«Hablemos del futuro.» ¿Te han dicho esto alguna vez tus padres o profesores? La gente suele obsesionarse por conocer el futuro desconocido, pero normalmente no ve las señales del camino.

¿Te gustaría conocer el futuro? Algunas personas dicen que sí, otras que no. Diferentes respuestas, diferentes motivos. Algunas quieren conocer el futuro porque si ven algo que no les gusta, pueden hacer algo al respecto. Otras no quieren conocerlo, porque creen que si vieran algo que no les gustara, no tendrían poder para cambiarlo.

La realidad es que, en cierta medida, podemos conocer el futuro y podemos hacer algo al respecto si no nos gusta. Los pensamientos crean acciones. Las acciones crean hábitos. Los hábitos crean el carácter, y tu carácter es tu destino, tanto en el trabajo como en las relaciones. En todos los ámbitos de la vida, tu carácter te proporciona una visión importante de tu futuro.

En el fondo de nuestro carácter se encuentran nuestros hábitos. El carácter no es lo que dice una persona, sino lo que hace. Los hábitos son los puntales del carácter. ¿Cuáles son tus hábitos? ¿Qué es lo que haces cada días, cada semana o cada mes? Si puedes decirme cuáles son tus hábitos, podré decirte cómo se presenta tu futuro. El futuro no es algo que nos sucede. Es una expresión externa de nuestra realidad interna.

Podemos ver el futuro. Si *tu* carácter es *tu* destino, ¿cómo se presenta *tu* futuro? El peligro de responder a esta pregunta es que podemos estar tentados a aislar un rasgo de nuestro carácter y precipitarnos a juzgar nuestro futuro basándonos en el detalle. Algunas personas tienden a precipitarse en lo negativo, mientras que otras lo hacen en lo positivo. Pero somos bastante más complicados que todo eso. Algunos hábitos que forman nuestro carácter apuntan a futuros felices y prósperos, mientras que otros indican infortunios en algún lugar del camino. Hemos de ser sinceros con nosotros mismos y tener en cuenta ambos aspectos de nuestro carácter, los positivos y los negativos. Es fácil fijarse en uno o dos aspectos de nuestro carácter y olvidar el resto. Centrarnos en una parte tan pequeña de quienes somos puede distorsionar nuestro descubrimiento. Una forma de evitar este problema es preguntar a los demás cuáles consideran que son nuestros puntos fuertes y cuáles nuestras debilidades. La gente que nos rodea suele ver cosas que nosotros no vemos.

La buena noticia es que, sea lo que sea lo que descubramos, podemos cambiar nuestros hábitos y mejorar nuestro carácter. Si no nos gusta lo que vemos cuando miramos el futuro a través del telescopio del carácter, podemos cambiarlo. ¿Cómo? Cambiando nuestros hábitos. Nuestras vidas cambian cuando cambian nuestras costumbres. Es cierto que si me dices cuáles son tus hábitos hoy, puedo decirte cómo se presenta tu futuro. Si me dices los nuevos hábitos que vas a adoptar este año, podré decirte de qué modo cambiará tu vida con relación al año anterior.

Si pudieras ver tu futuro y vieras pruebas y sufrimientos o triunfo y gloria, ¿cómo te prepararías para afrontarlo? La realidad es que es bastante probable que tengas que enfrentarte a estas cosas en mayor o menor grado y en los momentos en que menos te lo esperas. La mejor forma para prepararte para los imprevistos es empezar a forjar tu carácter.

El carácter es la mejor preparación para cualquier situación.

Mejor vida, mejor futuro

Durante miles de años la humanidad se ha venido planteando las mismas preguntas. Puede que hayan cambiado las circunstancias y las tecnologías de nuestras vidas, pero no la esencia de la lucha humana, porque nuestro propósito esencial es común a todos e inmutable. Todos estamos aquí para llegar a ser la-mejor-versión-de-nosotros-mismos. Las situaciones y circunstancias particulares de cada persona son oportunidades para vivir este propósito. Los problemas que experimentamos no se presentan para que sean resueltos sino para ayudarte a ser lo mejor que puedes ser. Las preguntas que se plantean hoy nuestros corazones son las mismas que se planteaban nuestros antepasados hace mil o más años. Aristóteles y Sócrates lidiaron con las mismas preocupaciones con las que tú lidias hoy.

Ésta es la primera de esas preguntas atemporales: ¿es mejor vivir bien o vivir más? Puede que nunca nos la hayamos planteado, pero a pesar de todo es importante. Las personas más razonables estarían de acuerdo en que es mejor vivir bien, al menos en teoría. Ante la muerte o la vejez, muchos dudan un poco. Por supuesto, todos podríamos estar en desacuerdo respecto a lo que significa vivir bien, pero eso forma parte de lo que estamos tratando aquí. Para muchas personas vivir bien significa tener dinero y propiedades; para otras significa tener oportunidades; para otras regirse por un código moral; mientras que para otras simplemente significa divertirse o gozar de buena salud.

¿Qué significa para ti?

Si queremos mejorar nuestras vidas, primero hemos de saber qué es lo que producirá la mejora que deseamos. Por experiencia personal sé que el dinero y las oportunidades pueden mejorar nuestras vidas, pero sólo de forma muy limitada, que se ha exagerado mucho. La calidad de nuestras vidas cambia notablemente cuando desarrollamos nuestro carácter.

La cultura popular parece estar mucho más interesada en la celebridad y el talento que en el carácter. Los modelos de rol y los héroes se seleccionan casi exclusivamente según su talento y su celebridad. El hecho de que la celebridad posea o no alguna cualidad que merezca la pena emular, no parece ser uno de los criterios que debamos seguir en el proceso de selección. En mayor o menor medida nos convertimos en modelos de rol y en héroes. Nos convertimos en las personas que admiramos. Y si eso es así, ¿no debería preocuparnos un poco adónde nos lleva esta tendencia?

Parecemos más interesados en el talento de una persona que en su conducta. ¿Hemos pasado por alto la pura y llana verdad de que el talento es algo con lo que nacemos? No cabe duda de que se necesita mucho trabajo y dedicación para que el talento rinda todos sus frutos, pero las personas con mayor talento nacen con una capacidad en cierta área con la que los demás no nacemos. Afilan el lápiz, pero nacieron con él.

La otra gran verdad es que el talento es limitado. Nuestra capacidad para mejorar nuestros talentos es casi ilimitada, pero no podemos aumentar el *número* ni el *tipo* de talentos que tenemos. Son genéricos, o un regalo de Dios. Nacemos con talentos. Los tenemos o no los tenemos. Si no tenemos talento para cantar, no podemos cantar ni desarrollar ese don. Puedes tomar muchas clases, pero nunca podrás cantar. Si eras un cantante mediocre y después de tomar muchas clases te conviertes en un buen cantante, significa que en realidad tenías ese talento. Puede que hubiera estado oculto, esperando a ser descubierto, pero ya lo tenías. Probar distintas habilidades nos ayuda a descubrir nuestros talentos y así poder cultivarlos. Esta es la razón por la que una buena educación incluye conocer muchas áreas y disciplinas. Pero mientras el talento es limitado, nuestra capacidad para corregir nuestro carácter es prácticamente ilimitada. Entonces, ¿por qué pasamos tanto tiempo centrándonos en el talento y tan poco desarrollando nuestro carácter?

Si realmente queremos mejorar nuestras vidas y nuestro mundo, en lugar de centrarnos en lo que tenemos y hacemos, hemos de centrarnos en lo que somos y en lo que queremos convertirnos. Nuestra obsesión con el talento y la celebridad, con el dinero y las propiedades, nos distrae de la fuente real de plenitud y satisfacción en esta vida: el carácter.

El carácter es un don que te otorgas a ti mismo, y es una de las pocas cosas que jamás nos podrán arrebatar.

¿Qué es lo que respetas?

Yo he tenido una vida extraordinaria. A veces, cuando la gente me pregunta sobre mi vida cotidiana o sobre lo que me está sucediendo últimamente, empiezo a hablar y observo una mirada de sorpresa en su rostro. Luego comienzo a escucharme, y me doy cuenta de que lo que para mí es un día o una semana normal y corriente, desafía la imaginación de la mayoría de las personas. Mi vida no es ni mejor ni peor que la tuya, tan sólo diferente. Del mismo modo que algunas personas anhelan el sabor de los elementos extraordinarios de mi vida, puedo asegurarte que, de vez en cuando, yo anhelo los elementos ordinarios de las suyas.

La gente siempre me pregunta cuáles son mis lugares favoritos entre las más de cincuenta ciudades en las que he estado. Tengo muchas ciudades favoritas, pero cuando reflexiono por qué son mis favoritas, descubro que es por la gente que conozco en esos lugares por lo que me atraen. Cuando has viajado tanto como yo, te das cuenta de que lo importante no es adónde vas, sino con quién estás.

Con el paso de los años he conocido literalmente a cientos de miles de personas, pero cuando miro atrás, hay algunas personas a las que recuerdo, otras a las que admiro, y una pocas a las que respeto profundamente. Algunas personas son memorables porque son muy cálidas y acogedoras, otras porque te hacen reír hasta que te duelen las mejillas. Hay personas que simplemente las recuerdo porque resulta que estaban allí en un momento en que sucedió algo trágico o maravilloso. Luego están las personas a las que admiro.

Admiro a las personas que se cuidan físicamente, porque sé lo difícil que es hacerlo. Algunas personas ponen como excusa que hacer ejercicio no les nace como algo natural. No creo que un cuerpo bien esculpido sea algo natural para nadie. Cuando veo los Juegos Olímpicos y veo los extraordinarios cuerpos de los atletas, sé que son el resultado de una estricta disciplina, y eso me parece admirable.

Admiro a los grandes talentos. Los músicos, los artistas, escritores, actores, atletas, profesores, científicos y maestros espirituales, todos ellos ejercen sus talentos hasta unos niveles extraordinarios, me fascinan y los admiro.

Admiro a quienes han creado grandes empresas y riquezas. Es algo que me ha intrigado desde que era muy joven. Muchos de mis mejores amigos son empresarios, y con frecuencia me maravillo al ver cómo trabajan sus mentes. También admiro a las personas que han trabajado muy duro toda su vida, que han ahorrado, invertido con sabiduría y de manera constante, y que han conseguido reunir una pequeña fortuna. Admiro eso.

Pero con el transcurso de los años, en mis reflexiones personales no he dejado de preguntarme: *¿qué es lo que respeto?* Y en el fondo, creo que en realidad sólo respeto una cosa que se repite con el tiempo: la virtud. Respeto la virtud. La virtud me inspira. La virtud en los demás supone un reto para mí. La virtud me eleva. La virtud me permite vislumbrar la posibilidad. La virtud me da esperanza para el futuro de la humanidad.

Cuando veo la virtud en la vida de un hombre o de una mujer, mi primera respuesta es querer pasar más tiempo con esa persona. Pero también he notado que hay momentos en los que la gente virtuosa me repele. Hay momentos en los que la evito. Al reflexionar sobre ello, me doy cuenta de que en esos momentos me estoy negando la llamada del progreso, me he detenido en el camino para caer en algún tipo de conducta destructiva, y su mera presencia me reta a volver a mi senda y acoger a mi verdadero yo.

Lo que más me sorprende sobre la mayoría de las personas virtuosas, las verdaderamente virtuosas, es que tanto si me gustan como si no, tanto si estoy de acuerdo ideológicamente con ellas como si no, no puedo evitar seguir respetándolas.

El carácter se construye adquiriendo hábitos de uno en uno. El buen carácter se construye virtud tras virtud. La virtud es un buen hábito, un hábito que nos conduce a convertirnos en la-mejor-versión-de-nosotros-mismos. El puntal del carácter es la virtud.

El carácter es la esencia de nuestra felicidad. Las personas pacientes tienen más probabilidades de gozar de una felicidad duradera que las impacientes. Las personas generosas y agradecidas tienen más probabilidades de crear una felicidad duradera en sus vidas que las desagradecidas y tacañas. Nunca he conocido personas incapaces de perdonar que fueran realmente felices. Las personas que pueden perdonar son más felices que las que guardan rencores y no perdonan. Las personas amables tienen mayor capacidad para experimentar felicidad que las bruscas y coléricas. La moderación es un camino más viable para la felicidad duradera que la glotonería y la lujuria. La amabilidad nos aportará una felicidad que superará el placer de ser demasiado indulgentes con nosotros mismos.

Plantéate estas sencillas preguntas: ¿preferirías vivir al lado de una persona amable y respetuosa, o de una que fuera irrespetuosa y egoísta? ¿Preferirías trabajar para una mujer sincera y considerada, o para una mujer mentirosa, manipuladora y desconsiderada? ¿Preferirías casarte con una persona agradecida, paciente y generosa, o con alguien que fuera desagradecido, impaciente y egoísta? ¿Preferirías tener amigos íntegros, o amigos en los que no puedes confiar?

Yo prefiero estar rodeado de personas virtuosas porque su felicidad y virtud son contagiosas. Su mera presencia me ayuda a convertirme en la-mejor-versión-de-mí-mismo. Nuestra cultura ha reducido toda virtud a la virtud universal de ser agradable, que no es una virtud en absoluto. La gente comenta: «Es una mujer encantadora» o «Es un hombre encantador», lo que la mayor parte de las veces realmente significa que esa mujer o ese hombre nunca dicen o hacen nada que pueda molestar a la persona que hace el comentario, nunca agitan las aguas, nunca desafían a nadie a alcanzar un nuevo grado de virtud. De algún modo, esa persona no es una persona, y es admirada justamente por eso, por no estorbar en el camino de nadie. Espero que nadie que me conozca me describa como «encantador» en este contexto. Espero molestar de vez en cuando a las personas que me rodean, zarandearlas y hacer que se sientan incómodas. Porque si algunas veces no cruzo la barrera de ser encantador con quienes tengo más cerca, estoy casi seguro de que no estoy siendo el hijo, el hermano, el amigo, el supervisor, el colega, el ciudadano o el hombre al que aspiro ser.

El amor nos exige. Amar a alguien significa que de vez en cuando tendrás que decirle algo que probablemente no quiera escuchar. La franqueza es uno de los elementos fundamentales de las relaciones saludables; sin embargo, a la mayoría de las personas les falta la virtud para retar a la gente a la que dice querer. El ejemplo más evidente de esto lo vemos en la educación de los padres de hoy en día. Muchos padres están más interesados en ser amigos de sus hijos que en ser sus padres. Sus hijos no necesitan otro amigo, necesitan a sus padres. Al buscar esta aceptación y aprobación por parte de sus hijos, muchos padres olvidan el elemento correctivo de ser padres y no sirven de guía para sus hijos.

A menudo veo una situación similar entre los profesores de los institutos que eluden la responsabilidad que se les ha confiado en cuanto al área de la disciplina, sólo para ser populares entre los alumnos.

Hemos confundido el ser amables con la virtud. Ser agradable no es una virtud.

Cuando viajo por el mundo dirigiéndome al público, aumenta mi sensación de que a la gente le falta algo. Durante un tiempo muchos sentimos que nos faltaba algo en nuestra vida como personas. Pero últimamente parece que cada vez hay más gente que está despertando al hecho de que en nuestra sociedad falta algo a gran escala. Aunque la mayoría de las personas no saben decir de qué se trata, aumenta el número de personas que sienten que hemos perdido u olvidado algo colectivamente.

Tienen razón. Hemos perdido algo. Hemos dejado algo atrás. En nuestra obsesión por el cambio hemos olvidado la verdad fundamental de que el progreso es el cambio que hace que nuestras vidas y sociedad sean mejores. Nuestras vidas sólo mejoran realmente y de forma sostenible cuando desarrollamos nuestra virtud. Las virtudes individuales son los ladrillos que forjan el carácter, y el carácter es la espina dorsal de todo progreso auténtico tanto para las personas como para las comunidades, culturas y sociedades.

¿Qué es lo que respeto? Respeto la virtud. ¿Qué respetas tú?

¿Se puede confiar en ti?

Si es la virtud la que hace que mejoren nuestras vidas y nuestra sociedad, entonces deberíamos hacernos esta pregunta: «¿Qué significa ser virtuoso?» Harry Emerson Fosdick escribió: «No hay virtud más universalmente aceptada como prueba de buen carácter que ser de confianza». Lo primero y lo más importante para ser un hombre o una mujer virtuosos es la honradez y la verdad, la honradez con uno mismo y con los demás, y una sed insaciable de conocer la verdad y vivir según ella.

La honradez rigurosa y el aprecio por la verdad dan lugar a la integridad. La honradez significa que se puede confiar en nuestra palabra. La integridad significa que se puede confiar en que haremos lo que hemos dicho. La honradez y la integridad nos hacen dignos de confianza. Tal como dijo una vez George Washington: «Espero que siempre poseeré la firmeza y la virtud suficientes como para mantener lo que considero el más envidiable de los títulos: el carácter de un "Hombre Honrado"».

Pero la honradez no es una hazaña fácil en nuestros días. Parece que celebramos una honradez de conveniencia, en la que cierta dosis de mentira y engaño parecen necesarios. Somos honrados cuando no nos cuesta nada, pero en el momento en que se nos pide que sacrifiquemos algo en pro de esa honradez, abandonamos esa virtud.

Se nos enseña la honradez de conveniencia de muchas formas a una edad muy temprana. Recuerdo que cuando era pequeño, mis hermanos mayores me llevaban al cine, y justo antes de comprar las entradas, me decían cuántos años tenía ese día. Si tenía once años, pero había un precio especial para los menores de diez, automáticamente tenía diez años. Es una tontería, pero no es honrado, y los niños aprenden muy pronto estas lecciones.

Poco a poco la honradez de conveniencia se va arraigando en nuestras vidas y se va aceptando como una norma en nuestra sociedad. La honradez rigurosa es muy difícil de encontrar.

Pero si no somos honrados con los demás, tampoco lo estamos siendo con nosotros mismos. La realidad externa es una expresión de la realidad interna: hemos de mentirnos a nosotros mismos antes de mentir a los demás, y eso es una traición del ser.

El primer paso es ser honrados con nosotros mismos, pero nosotros nos engañamos consciente y voluntariamente de muchas formas. Nos decimos que hemos de hacer lo que hemos de hacer, que no existen otras opciones. Nos decimos que hemos de vivir donde vivimos. Nos decimos que si nuestra pareja no fuera como es, no nos encontraríamos en nuestra situación emocional actual. Nos decimos que nuestra pareja va a cambiar. Nos decimos que hemos de sentir lo que sentimos. Si somos víctimas de algo, lo somos de nuestro propio engaño.

Sé honrado contigo mismo. ¿Vas a alguna parte con esa relación? ¿Por qué gastas tanto y ahorras tan poco? ¿Realmente necesitas probar otra dieta? ¿No sería mejor aprender a disfrutar de la comida con moderación? Si pudieras hacer algo con tu vida, ¿qué harías? ¿Por qué lo harías? ¿Con qué frecuencia haces ejercicio? ¿Pasas regularmente algún tiempo en el aula del silencio para descubrir quién eres y qué haces aquí? ¿En qué eres realmente bueno? ¿Qué buenas cosas te sientes inspirado a hacer? ¿Qué es lo que podrías hacer para que tu vida cambiara espectacularmente para mejor? ¿Estás persiguiendo tus sueños?

Nos contamos mentiras sobre nuestro trabajo, nuestras parejas, hijos o cualquier otra persona y situación: «Todo sería estupendo si perdiera algunos kilos (o si dejara mi trabajo o si encontrara al socio perfecto)». «Él me quiere de verdad, sólo tiene miedo de comprometerse.» «Sencillamente no podía decir que no.» «Podría despedirme si realmente quisiera.» «No necesito ayuda.» «No estoy perdido.» «Si tuviera más tiempo, haría más ejercicio (o escribiría un libro, o volvería a estudiar, o pasaría más tiempo con mi familia)». «Ella le engañó, pero a mí nunca me engañará.»

¿Por qué nos mentimos? Quizá porque la verdad es demasiado dura para afrontarla, o porque nos falta valor para actuar respecto a la verdad que sabemos que estamos evitando. Nos contamos mentiras en un intento distorsionado de permanecer cuerdos, pero, de hecho, la mentira es la que nos hace perder la razón.

Ser honrados con nosotros mismos es la esencia de la integridad. Es el primer paso. La honradez con nosotros mismos es lo que hace posible que seamos honrados con los demás. ¿Alguna vez te has sentado a escuchar a alguien que dijera algo totalmente increíble y te has preguntado: «Realmente se estará creyendo lo que dice»? La respuesta probablemente sea «sí». Tenemos una increíble habilidad para engañarnos a nosotros mismos. Los psicólogos criminalistas hablan de criminales que se autoconvencen de que no han cometido el delito. Todos tenemos la habilidad de autoengañarnos, y todos hacemos uso de ella en diferentes ocasiones y grados. Unas veces lo hacemos por conveniencia y otras por cobardía. No necesariamente es porque seamos malas personas, a veces es simplemente una técnica de supervivencia. La verdad parece insoportable. Pero si aprendemos a escuchar a nuestros cuerpos, si aprendemos a medir nuestro grado de bienestar interior o la ausencia del mismo, rápidamente reconocemos el elemento autodestructivo del engaño.

¿En qué no estás siendo honrado contigo mismo?

De la honradez contigo mismo pasamos a la honradez con los demás. Es raro —cuando no imposible— ser más honrado con otra persona que contigo mismo, de modo que cuanto más fomentemos el autoengaño, más engaño manifestaremos en nuestra comunicación con los demás. Tarde o temprano, todo lo que llevamos dentro se manifiesta como una realidad exterior.

A veces nuestro autoengaño procede simplemente de una falta de autoconocimiento. Cuando pido al público que levanten la mano los que crean que son buenos conductores por encima de la media, más del 80 por ciento levanta la mano. Las estadísticas nos indican que un gran número de esas personas están equivocadas. La otra opción es que mis seminarios atraen sólo a los buenos conductores, pero eso no parece muy probable. ¿Me están mintiendo? No lo creo. ¿Se están engañando conscientemente? Lo dudo. Pero un porcentaje de esas personas probablemente sigue estando equivocado, e independientemente de su intención, el error afecta a sus vidas y a la de los demás. Quizá cuando conducen lo hacen un poco más rápido que la mayoría porque son mejores conductores. Esto es un detalle sin importancia, un ejemplo sencillo, pero ilustra lo importante que es la búsqueda del autoconocimiento si estamos intentando ser sinceros con nosotros mismos y con los demás.

La mayoría de las personas se consideran honradas. ¿Eres una persona honrada?

Prueba esto: durante la próxima semana, lleva encima una libretita y un bolígrafo a todas partes. Observa cada vez que dices una mentira o piensas en hacerlo. En este último caso pregúntate: «Si no estuviera haciendo este ejercicio, ¿habría mentido?» Te sorprenderá ver cuántas veces te encuentras en una situación en la que normalmente distorsionas la verdad o mientes.

Hacer este ejercicio te hará ser más consciente de tus pensamientos y acciones a lo largo del día. También introduce el elemento de la responsabilidad: es más que probable que seas más honrado contigo mismo y con los demás. Los ejercicios que se encuentran al final de cada capítulo están diseñados para ayudarte a aplicar las lecciones para una felicidad duradera en tu vida. Te ayudarán a aumentar tu conciencia del cambio que deseas, y crean la responsabilidad necesaria para llevar a cabo cambios sostenibles en tu vida.

La otra cara de la honradez y de la integridad es no hablar cuando deberíamos. Qué fácil habría sido para Jean Valjean en *Los miserables* cerrar la boca en el juicio de ese pobre idiota, y permitir que aquel extraño cargara con sus crímenes; eso le habría servido para ocultar su identidad para siempre. Pero no habría sido honrado. A veces no hablar es mentir.

La virtud no es algo que puedas encender o apagar como la luz de la casa. No recuerdo cuántas veces alguien me ha dicho con el paso de los años: «Me han dicho que no lo dijera, pero...». Al momento, esa persona me está diciendo que no puedo confiarle un secreto. Cuántas veces, cuando has pillado a alguien en una mentira, te dice enseguida: «¡Pero nunca te mentiría sobre esto!» La honradez no es una virtud a tiempo parcial.

De la honradez con uno mismo y con los demás, pasamos a la honradez *respecto* a los otros. Qué fácil es empezar a hablar de otras personas a las que conocemos o no y de situaciones de las que sabemos poco o nada. En unos momentos podemos crear una sombra sobre el carácter de una persona que no está presente para defenderse. Podemos causarle un daño irreparable en su reputación con tan sólo unas palabras.

El cotilleo suele ocupar un lugar central en nuestra falta de honradez cotidiana. Voluntaria o involuntariamente, consciente o inconscientemente, cuando hablamos de los demás, solemos participar en una espiral de mentiras y engaños. ¿Por qué lo hacemos? En general, no lo hacemos con malicia. Muchas veces es porque sencillamente no tenemos energía emocional para luchar o marcharnos, porque queremos integrarnos en algún sitio y ser aceptados, o porque no queremos ver el aspecto negativo de ciertas personas. Pero todo esto nos hace preguntarnos lo honrados que somos respecto a otras personas. Hagámonos tres preguntas:

1. ¿Soy honrado conmigo mismo?
2. ¿Soy honrado con los demás?
3. ¿Soy honrado respecto a los demás?

Por desgracia muchas personas creen que han de mentir y engañar para tener éxito en sus empresas. En muchos aspectos, debido al estado de nuestros sistemas sociales, políticos y empresariales, la discusión sobre la honradez puede llegar a convertirse en una conversación bastante negativa. Pero antes de terminar nuestra breve disertación sobre la honradez y la verdad, voy a subrayar uno de los aspectos más positivos de este tema y una de las cualidades más atractivas a las que alguien puede aspirar.

Siempre he sentido un enorme respeto por las personas que buscan la verdad. ¿Eres un verdadero buscador? No es fácil serlo. Muchas veces, cuando tenemos preguntas respecto a algo que pasa en nuestras vidas, no buscamos activamente la verdad de esa situación o tema; sencillamente nos enredamos más y más mientras estas preguntas van dejando huella en nuestros corazones y mentes, inquietándonos y creando enfermedad. Pero a medida que nos volvemos más sabios y decidimos buscar activamente el carácter a través de la virtud, tenemos más sed de verdad. Pocas cualidades hay más atractivas en una persona que su búsqueda de la verdad.

¿Buscamos la verdad en nuestras vidas? ¿Propiciamos el aprecio por la verdad en nuestros corazones y mentes? ¿Celebramos la verdad, o la evitamos cuando se trata de ciertos temas, porque sentimos que descubrir la verdad podría desafiarnos a cambiar nuestra forma de vida? Es en esta dinámica de buscar o evitar la verdad donde empieza el gran autoengaño.

La integridad y la honradez no se adquieren simplemente por desearlas, tampoco se consiguen con el paso del tiempo. Para poseerlas y mantenerlas hemos de buscarlas activamente y cuidarlas con esmero. Es mucho más fácil perderlas con el tiempo que encontrarlas si no las fomentamos.

Hay muchos momentos durante el día en que debemos elegir entre la honradez con nosotros mismos y con los demás, y la honradez de conveniencia, que tarde o temprano termina en una sarta de mentiras y engaños. En esta encrucijada hemos de elegir entre nuestro auténtico yo y una versión de segunda mano de la sorprendente persona que podemos llegar a ser.

La honradez y la integridad son sólo dos de las muchas virtudes a las que podemos aspirar. Las he utilizado como ejemplo porque ocupan el puesto de honor en el desarrollo del carácter y porque son requisitos previos para muchas otras virtudes. La búsqueda del carácter empieza con la honradez. No hay integridad personal sin honradez, ni felicidad duradera sin integridad personal. Ha llegado el momento de hacer inventario y de evaluar el estado de nuestro carácter.

Lograr la verdadera virtud no es tarea fácil. Requiere dedicación constante a la verdad. Pocas personas tienen suficiente ambición para ser virtuosas hoy en día, y éste es el primer signo de deterioro de cualquier civilización. Espero con todo mi corazón que podamos volver a despertar nuestras vidas y en la de quienes nos rodean la ambición por la virtud.

El enemigo del carácter

El enemigo del carácter es el ego. Dentro de todos nosotros hay dos yoes, un yo verdadero y uno falso. Los dos yoes están siempre luchando por conseguir la supremacía. El verdadero yo habla en nombre del carácter, y el falso en el del ego. El auténtico yo encuentra su identidad en todas las cosas buenas, verdaderas, hermosas y nobles; mientras que el ego siempre está exigiendo debido a su inseguridad y para darse importancia. El carácter es la aparición del verdadero yo, mientras que el ego es el aspecto desagradable del falso yo. El carácter es el embajador del yo superior, mientras que el ego representa el yo inferior.

¿Qué yo elegirías? ¿El yo superior o el yo inferior? ¿El auténtico yo o el falso yo? ¿El carácter o el ego? ¿Estás dispuesto a desoír las exigencias constantes del ego y forjar con tu esfuerzo un carácter trabajándote virtud a virtud?

Este conflicto entre el yo superior y el inferior, entre el carácter y el ego, es la esencia de toda condición humana. Todas las grandes obras musicales, las películas y las historias se centran en esta lucha. En el interior de cada persona y entre las personas, en el interior de cada nación y entre las naciones, la batalla siempre es entre el carácter y el ego. Lo que siempre presenciamos en las relaciones humanas es esta lucha entre el yo superior y el inferior. El carácter y el ego siempre están enfrentándose por el poder en nuestro interior, y la realidad interior siempre busca su expresión en el exterior.

Nuestros egos nos colocan en el centro del universo, y los demás y lo demás está o en su lugar o fuera del mismo, según nuestros antojos, caprichos, fantasías y deseos egoístas. Cuando vivimos desde una perspectiva egocéntrica, todo sucede con relación a nosotros mismos. Todo lo que oímos y vemos, lo oímos y vemos con relación a nosotros. Cuando nos hablan las personas, no intentamos comprender lo que nos están queriendo decir; filtramos lo que dicen, y de lo que nos están diciendo sólo oímos lo que tiene relación con nuestros intereses o con el modo en que nos afecta a nosotros. Un ejemplo extremo podría ser el de una persona allegada que se pone muy enferma y nos disgustamos porque su enfermedad ha interferido en nuestros planes.

La vida nunca sucede como pensábamos, y los acontecimientos rara vez se desarrollan como nos hubiera gustado, de modo que cuando vivimos desde una actitud egocéntrica, siempre estamos frustrados y decepcionados. Consumidos por el ego, todas las personas y cosas parecen fuera de lugar. Pero el mundo del ego es ilusorio. Lo cierto es que todos y todo está en su lugar, justamente como ha de ser en este momento. Somos nosotros los que estamos fuera de lugar. Al sucumbir a la seducción mental del ego, nos hemos situado erróneamente en el centro del universo, lugar al que sin duda alguna no pertenecemos. Puede parecernos que todo esté fuera de lugar, pero en realidad somos nosotros quienes lo estamos.

Cuanto más nos sometemos a las exigencias del ego, éste más se crece, y cuanto más poder le otorgamos, más irritables, inquietos y frustrados nos sentimos. Esto se debe a que inevitablemente las cosas no saldrán como nos hubiera gustado. Hay muchos factores que no están bajo nuestro control, y cuando no conseguimos lo que queremos, el ego tiene una pataleta, igual que un niño malcriado. Este niño o niña ve sus deseos como prioridades, y cuando éstos no se cumplen, el mundo está mal y el universo ha perdido su equilibrio según su punto de vista egotista. A veces, todos tenemos esta conducta. Tenemos una cita y la otra persona llega tarde. En el gran esquema de las cosas, no tiene importancia, pero nosotros podemos hacer una montaña de un grano de arena. Puede que ni siquiera digamos nada, pero la procesión va por dentro. ¿Cuántos hombres se quejan de lo que tardan sus mujeres en arreglarse? Podrían sentarse, relajarse y leer mientras esperan —unos minutos más o menos no va a cambiar mucho las cosas—, pero eligen algo que las moleste. En este tipo de situaciones y en muchas otras, la verdadera cuestión es que las cosas no suceden como queríamos.

Lo cierto es que no somos el centro del universo, y que cuando intentamos colocarnos en ese lugar, estamos propiciando la decepción y la frustración. El ego nunca está satisfecho, mientras que el auténtico yo se contenta simplemente con vivir el momento como una oportunidad más para progresar hacia la-mejor-versión-de-sí-mismo. Si esperar pacientemente te va a ayudar a ser mejor persona, el auténtico yo estará contento de esperar pacientemente, pero el ego estará inquieto. Si ayudar a otro a realizar su sueño te ayuda a forjar una mejor relación con esa persona, tu auténtico yo lo celebrará, mientras que tu ego querrá que siempre seas el centro de la atención. El auténtico yo está realmente interesado en otras personas, mientras que el ego sólo lo está en lo que los demás puedan hacer por él.

El carácter conduce a una felicidad duradera. Vivir sólo a través del ego conduce a un placer vacío y pasajero. Invierte en carácter, y te ayudará en los buenos y malos momentos. Invierte en el ego, y será como construir una casa sobre arenas movedizas.

INCREMENTAR NUESTRA VIRTUD

Vivimos en una sociedad de remedio para todo. Enciende la televisión y haz *zapping*. En todos los anuncios y en la publicidad de la teletienda nos ofrecen un remedio para algo. Un remedio para la acidez de estómago y otro para la obesidad, un remedio para el insomnio y otro para la diarrea. Un remedio para la rinitis, otro para las narices antiestéticas o tapadas. Un remedio para la pérdida de cabello y otro para el acné. Una solución para las deudas y otra para la soledad.

El psiquiatra Gerald May observa que en todos los tipos de anuncios, desde los descarados anuncios televisivos hasta las sutilezas del boca a boca, nada se escapa a tener un remedio. Y el mensaje no es que haya «soluciones» para todo, sino que uno «debe» buscarlas. Si por ventura nos pasamos por alto cierto remedio, si no disfrutamos de sus maravillosas posibilidades, no estamos siendo responsables con nosotros mismos.

Hay dos problemas que se han de resolver. El primero es que algunas de las cosas que los demás —o incluso nosotros mismos— intentan corregir en nosotros, en realidad no están mal. Son exactamente como se supone que han de ser. Algunas de las imperfecciones que estamos obsesionados por cambiar forman parte de nuestra perfección. Ser verdaderamente tú mismo significa ser imperfectamente tú mismo. El segundo es para todo lo demás que no se encuentra en la primera categoría: si observas con mayor detenimiento, descubrirás que sólo estás tratando los síntomas en lugar de arreglar algo. Si tienes acidez de estómago o no puedes dormir, deberías preguntarte qué aspecto de tu estilo de vida te está provocando ese problema.

Nuestras vidas sólo mejoran realmente cuando desarrollamos la virtud. Cualquier otro cambio es tan sólo estético. Si realmente queremos mejorar nuestra forma de ser, nuestras vidas y nuestra sociedad, hemos de empezar a cambiar de prioridades, a cambiar el dinero, la celebridad y el talento por el carácter y la virtud.

Desarrollar la virtud es el trabajo que hemos de realizar en nuestras vidas. Todo lo que sucede, todo lo que hacemos es una oportunidad para desarrollar nuestra virtud. Cuando la persona que tenemos delante en la cola de caja está escudriñando su monedero para facilitarle el cambio a la cajera y tú estás empezando a ponerte nervioso, ¿qué está sucediendo? Es una oportunidad para que trabajes la paciencia. Haz de la virtud tu meta, y descubrirás que los momentos del día llegan cargados de oportunidades.

Pero si realmente deseamos desarrollar la virtud, hemos de olvidarnos de la gratificación instantánea. No sólo vivimos en una sociedad que tiene remedio para todo, sino que también vivimos en una sociedad que tiene remedio para todo más rápido. Nos olvidamos del carácter y de la virtud porque no son soluciones rápidas. Ambos requieren tiempo y esfuerzo.

Desarrollar la virtud no es fácil. Requiere un esfuerzo real y constante. Pero la belleza de este esfuerzo es que si desarrollas una virtud, automáticamente desarrollas todas las demás. Si decides concentrarte en ser una persona más paciente, automáticamente serás una persona más amable. La amabilidad y la paciencia están interconectadas. Es más fácil para una persona paciente ser amable, al igual que lo es ser generosa, porque una persona paciente no está pendiente de su propia gratificación. Si te centras en tus esfuerzos de ser una persona más moderada, automáticamente serás una persona más justa. A una persona sincera le resulta más fácil ser paciente y justa. A una persona paciente le es más fácil controlar su temperamento o practicar la moderación.

Puede que te estés preguntando por dónde empezar. La respuesta es diferente para cada persona. Has de decidirlo tú. Elije una virtud: honradez, paciencia, moderación, amabilidad, humildad, coraje, perseverancia, compasión, esperanza, caridad, generosidad, sabiduría, gentileza... Elige una virtud y concéntrate en desarrollarla. Escríbela, recuérdala cada mañana. Detente a reflexionar sobre tu progreso varias veces durante el día y al final del mismo. Reflexiona sobre las veces que has ejercido la virtud y las veces en las que deberías haberlo hecho y no lo has hecho. A medida que pasan los días y las semanas, podrás decir objetivamente: «Me estoy convirtiendo en una persona más generosa» o «Me estoy convirtiendo en una persona más honrada». A continuación, celebra tu progreso.

Céntrate en una virtud durante un par de semanas y luego hazlo en otra. Una virtud cada vez, así empezarás a construir el castillo del carácter en el que vas a vivir.

En cada momento del día, basta con que la siguiente cosa que hagas sea correcta. Cuando sientes que vas a perder los nervios, contrólate. Cuando reconoces que te estás impacientando, respira profundamente y permite que el momento te otorgue el don de la paciencia. Cuando encuentras a alguien necesitado, sé generoso con tu tiempo, talento o tesoro. En cada momento, haz la siguiente cosa correcta, y tu vida empezará a fluir con felicidad.

No existen las acciones personales

Si no queremos desarrollar la virtud, solemos caer en el minimalismo que se manifiesta en dos grandes excusas. Ya he mencionado la de «¡Yo soy como soy!» Con frecuencia ponemos esto como excusa, no para celebrar nuestro auténtico yo, sino como defensa de un yo perezoso y derrotado. La segunda gran excusa que utilizamos para justificar nuestra conducta autodestructiva es: «¡No le hago daño a nadie!»

Uno de los principios que rigen el universo es la interconexión. Toda la creación está interconectada. Cuando contaminamos y perjudicamos a la Tierra emitiendo gases tóxicos y saqueamos sus recursos naturales, ésta responde elevando los niveles del agua, con terremotos, huracanes y peligrosos rayos de ozono. La Tierra no se está vengando, simplemente intenta protegerse.

Entre las personas existe una interconexión similar. Creer que lo que hacemos en nuestra ciudad natal no afectará a las personas de la otra punta del globo es la inocencia, la ignorancia y el egocentrismo de la era moderna. No hay acciones personales. Todo lo que hacemos, tarde o temprano repercute en los demás. La suma de todas las acciones humanas se condensa en la historia.

En el pasado, cuando la humanidad vivía más en armonía con la naturaleza, cuando estábamos vinculados a la Tierra, comprendíamos esto perfectamente. En aquellos tiempos, sabíamos muy bien que si contaminábamos el agua río arriba, las personas que vivieran río abajo correrían peligro. En la actualidad, no es tan fácil ver y reconocer los ríos. Compramos el agua embotellada, creyendo que siempre habrá agua potable para beber. En la política y en los negocios, en las relaciones y en las artes, cuando contaminamos río arriba, las personas que están río abajo padecen las consecuencias.

Sólo porque hagas algo en la intimidad de tu hogar, a puerta cerrada, a solas, sin testigos, eso no significa que no vaya a afectar a otras personas. Cada acto humano repercute en el futuro de la humanidad. Sin embargo, tus acciones, aunque privadas, tienen consecuencias para ti y para el resto de la humanidad. Tus acciones afectan profundamente a tu realidad interior, y tarde o temprano, esta realidad interior buscará una forma de expresarse externamente a través de tus palabras y acciones, o de tu silencio y pasividad.

El universo se rige por la interconexión. De formas que quizá jamás entendamos, todos estamos conectados. Demasiadas veces nos vemos como seres diferentes, separados e independientes. A veces, esto sólo son palabras e ilusiones. Tenemos muchas más similitudes que diferencias. Estamos mucho más unidos que separados, y somos infinitamente mucho más interdependientes que independientes. Cuando nos hacemos daño a nosotros mismos, hacemos daño a los demás. «¡No estoy haciendo daño a nadie!», esta frase es otro intento de eludir la responsabilidad personal en un mundo donde todo lo que pensamos, hacemos y decimos afecta a alguien y a algún lugar.

ANTEPÓN EL CARÁCTER

> El buen carácter es la cualidad que nos hace dignos de confianza, tanto si estamos siendo observados como si no, lo que nos hace veraces cuando más nos beneficiaría serlo un poco menos, lo que nos hace valientes cuando nos enfrentamos a grandes obstáculos, lo que nos dota de la firmeza de la autodisciplina inteligente.
>
> ARTHUR ADAMS

La tercera lección
para una felicidad duradera es:

ANTEPÓN EL CARÁCTER

En cada momento del día hemos de practicar anteponer el carácter a ganar dinero y a las ventajas profesionales, a valorar el carácter más que los placeres momentáneos y el aprecio de otras personas, y anteponer el carácter a nuestros designios y deseos. Anteponer el carácter significa que dejaremos que nuestros pensamientos, decisiones, acciones y relaciones se subordinen a esta búsqueda de llegar a ser auténticos.

El carácter es la mayor inversión que todos podemos hacer. Empieza a invertir en ti mismo. Invertir requiere disciplina, autocontrol y paciencia. A muchos nos falta alguna de estas cualidades, o todas. Piensa en ello en términos económicos. Si ahorraras un dólar al día desde los 22 años hasta los 65 a un interés medio de un 7 por ciento, te jubilarías con casi 400.000 dólares. Tres dólares al día te darían un millón de dólares, y, sin embargo, la mayor parte de la gente se jubila con poco o ningún dinero en efectivo. ¿Se debe a que no podían permitirse ahorrar uno, dos o tres dólares al día, o a que no tuvieron disciplina, autocontrol y paciencia?

Dicho de forma muy sencilla, vivimos en una sociedad centrada en gastar. Gastar dinero refleja el ego, y ahorrar refleja el carácter. La mayor parte de las personas ahorran menos de un uno por ciento de sus ingresos anuales. Lo que es peor, millones gastan más de lo que ganan al año. Invierte en ti mismo. Empieza a construir un portafolio dinámico de virtudes. Añade todas las grandes virtudes a tu portafolio de carácter y observa cómo florece tu futuro. El dinero y las propiedades tienen su atractivo, las carreras que se desarrollan rápidamente pueden alimentar a nuestros egos y el placer siempre puede resultar seductor, pero el carácter es el que te apoyará en los buenos y malos momentos. Haz que el carácter sea tu prioridad en todas las áreas de tu vida. Antepón el carácter.

Aplica tu tercera lección para una felicidad duradera:

ANTEPÓN EL CARÁCTER

Aplicaré la tercera lección para una felicidad duradera en mi vida dando los pasos siguientes:

1. Antepondré el carácter invirtiendo en él. Empezaré a ver en mi vida cotidiana todas las situaciones como una oportunidad para desarrollar mi carácter a través de cultivar una serie de virtudes. Me centraré en las virtudes de una en una, consciente de que al desarrollar una, automáticamente aumentará mi capacidad para desarrollar otras. Cuando pueda decir sinceramente que he progresado en esta virtud y la haya establecido como un hábito, elegiré otra en la que fijarme. Me centraré en la paciencia, la amabilidad, la humildad, la gentileza, el perdón, la honestidad, la integridad, y el amor en mí y en los demás. Aprovecharé todas las oportunidades para celebrar ésta y otras virtudes.

2. Me propongo ser rigurosamente sincero conmigo mismo y con los demás. De vez en cuando, me detendré para reflexionar sobre las preguntas siguientes: ¿soy honrado conmigo mismo? ¿Soy honrado con los demás? ¿Soy honrado respecto a los demás? Procuraré no poner a nadie en una situación en la que tenga que actuar de otro modo que no sea con honestidad.

3. Voy a alimentar hábitos positivos en cada una de las cuatro áreas de la vida: física, emocional, intelectual y espiritual. Me observaré como persona íntegra y me dirigiré a los demás consciente de los múltiples aspectos que todos intentamos equilibrar.

4. Me resistiré a las continuas exigencias del ego escuchando más atentamente la voz de mi verdadero ser. Cada día procuraré estar más atento a lo que me está guiando: la inseguridad del ego o la integridad del carácter. Trascenderé la preocupación constante de nuestra cultura por las apariencias y me centraré en mi carácter.

4

86.400 horas

Si te graduaste en el instituto a los 18 años, fuiste a la universidad y te licenciaste al cabo de cuatro años, luego entraste en el mundo real y encontraste un trabajo en el que trabajabas 40 horas a la semana durante 48 semanas al año, con 4 semanas de vacaciones anuales (dos más que la mayoría) y al final te jubilas a los 65, habrás trabajado 86.400 horas.

Cada año visito más de cien ciudades en los Estados Unidos, y la mayor parte de las tardes antes de mi charla principal visito un instituto. Creo que es importante que los jóvenes reciban alguna orientación sobre cómo enfocar su vida, para que más adelante, cuando tengan 35, 40, 50 años o más, no necesiten un mensaje para cambiar su vida. Les hablo de la importancia de encontrar algo por lo que puedan apasionarse y a lo que puedan dedicarse profesionalmente.

El trabajo no lo es todo, pero cuando trabajas en algo que no te satisface, o peor aún, que menosprecias, puede afectar mucho en todos los otros aspectos de tu vida. Es sencillamente imposible crear una felicidad duradera sin encontrar una visión del trabajo que te ayude a medrar. Idealmente, esto significa encontrar un trabajo que te apasione, pero aunque no tengas el trabajo de tus sueños, o si no sabes cuál sería ese trabajo, también hay formas de medrar laboralmente.

Cuando explico la ecuación de las 86.400 horas en los institutos, pregunto a los alumnos si hay alguna clase que les resulta aburrida. Inevitablemente saltan. Por supuesto que tienen clases aburridas. Al fin y al cabo, son adolescentes. Entonces les pregunto cuánto dura una clase. Y empiezan a gritar desde sus pupitres: «Cincuenta minutos», «Una hora» o «Noventa minutos» dependiendo de los horarios de cada centro. «¿Y cómo pasa el tiempo mientras estáis en esa clase aburrida?», les pregunto. De nuevo vuelven a saltar y a quejarse. «¿Cuánto os parece que dura?», les pregunto. «Una eternidad», responden.

Me quedo un rato callado, dejando que se desfoguen un poco y luego les digo: «Ahora quiero que os sumerjáis en esa experiencia de la clase aburrida durante un momento. Luego quiero que la multipliquéis hasta el infinito y que vayáis hasta los abismos de la eternidad, y aun así eso no será más que un pequeño destello de lo que os espera a menos que penséis, y lo digo muy seriamente, en qué es lo que queréis hacer con vuestras 86.400 horas.

Thoreau tenía razón. La mayoría de los hombres y de las mujeres viven vidas de silenciosa desesperación. Pero cuando están en el instituto no se paran a reflexionar: «Realmente espero que viviré una vida de silenciosa desesperación cuando sea mayor. Quizá debería pasarme por la oficina del asesor universitario y ver cómo podemos diseñar un plan para que pueda vivir una vida de silenciosa desesperación». No, la gente sencillamente no sabe planificar, y como observó Napoleón: «Los que no saben planificar, fracasan».

Tendencias en el mundo laboral

Hace varios meses tuve la oportunidad de realizar algunas entrevistas para una serie de puestos vacantes en mi organización. En total hice casi 50 entrevistas a candidatos que habían sido seleccionados entre cientos y cientos de solicitantes. Me quedé abrumado al ver la cantidad de personas que habían respondido al anuncio y al comprobar la calidad de los candidatos. Todos ellos ya tenían lo que yo consideraba que era un buen trabajo. En muchos casos, los candidatos tenían que enfrentarse a recortes salariales al pasar de un trabajo bien pagado en una empresa a un trabajo en el sector de las organizaciones no lucrativas, pero eso no parecía importarles.

A todos les hice muchas preguntas, pero sus respuestas a una de ellas en particular parecían ser un tema común para todos. Les preguntaba: «Ahora parece que tienes un buen trabajo. ¿Por qué quieres dejarlo?» Cuarenta y ocho de los cincuenta candidatos respondieron que querían hacer algo que diera más sentido a sus vidas, o casi la misma respuesta pero con alguna variación sobre la misma idea. Creo que esto refleja el gran cambio que se está produciendo en los puestos de trabajo en el siglo XXI y que afectará a los empresarios de Estados Unidos más que a ninguna otra cosa en los próximos cincuenta años. La gente quiere trabajos que tengan sentido.

En la década de 1980, el dinero era el rey y las personas parecían estar dispuestas a trabajar cientos de horas a la semana con tal de cobrar más. La década de 1980 fue la década del dinero y de las propiedades. En la década de 1990 se empezó a ver un significativo cambio de actitud que se distanciaba del exagerado énfasis que se había puesto anteriormente en la compensación económica y se acercaba a un deseo de ocio. Un número creciente de personas empezaba a decir: «No me importa lo que me paguen, no voy a trabajar más horas. Prefiero mi libertad de horarios y mi tiempo libre, al dinero».

Otro factor es que durante todo este periodo el mundo corporativo ha cambiado considerablemente, en especial en lo que a lealtad se refiere. Muchas personas que han sido despedidas llegaron a la aterradora conclusión del poco control que tenían sobre sus destinos en el sistema empresarial y, lo más sorprendente, lo poco que habían sido apreciados sus esfuerzos. Por toda una serie de razones, las personas han empezado a recuperar sus vidas, haciendo hincapié en la independencia, la vida familiar, el ocio, la salud y el bienestar.

El enfoque en el dinero de la década de 1980 se transformó en interés por el ocio en la década de 1990, y ahora está surgiendo una nueva tendencia. Las personas quieren tener una buena remuneración económica y poder estar con sus familias y amigos, pero ante todo, anhelan tener un trabajo que dé sentido a sus vidas. Están dispuestas a sacrificar parte de su dinero y de su ocio para conseguirlo. Este cambio de actitud en el mundo laboral va a tener cada vez más fuerza a medida que más personas vayan despertando a su necesidad de estar haciendo algo que las apasione.

Realización personal @ trabajo

Theodore Roosevelt dijo sobre el trabajo: «El mejor premio que ofrece la vida es la oportunidad de trabajar duro en algo que merezca la pena». No estoy del todo de acuerdo con él. Creo que las relaciones dinámicas son lo mejor que puede ofrecer la vida, y creo que tener hijos y nietos probablemente se sitúe cerca del principio de la lista. Pero sí estoy de acuerdo en que una de las mejores cosas de la vida es la oportunidad de esforzarte por algo que valga la pena.

Cuando recuerdo mis tiempos en el instituto y los amigos que tenía en aquel entonces, siempre me sorprendo al ver las pocas personas que acaban haciendo lo que pensaban que harían cuando estaban estudiando. La mayor parte de las personas parecen hallar su camino, pero muy pocas hacen exactamente lo que habían imaginado que harían cuando iban al instituto.

Si cuando estaba en el instituto me hubieras dicho que sería un escritor y orador famoso, me habría parecido absurdo. Luke, uno de mis mejores amigos de aquellos tiempos, a menudo me recuerda un incidente que tuvo lugar en la clase de lengua durante mi último año. Nuestra profesora, la señora Grace, nos estaba devolviendo nuestros últimos exámenes, reflexiones sobre *The Heart of Darkness,* creo. Por alguna razón, nunca pude caerle bien a esa profesora. Me esforcé mucho en sus clases, y por primera vez en mi vida luchaba —sin muchas esperanzas— por conseguir una buena nota. Nada de lo que hacía era suficiente en esa asignatura. La señora Grace caminaba por la clase repartiendo los exámenes. Dejó el mío sobre la mesa y descubrí que me había puesto un 1 sobre posiblemente 20 puntos. ¡Esto era el colmo! Sin duda poner el nombre en el examen y demostrar que había leído el libro, de los cuales yo había hecho ambas cosas, merecía al menos un 5, quizás un 6. Pero parecía ser que no. Luke me recuerda que hice una bola de papel con el examen y lo lancé por encima de la cabeza de la profesora a la papelera que había en un rincón de la clase. Todos mis compañeros se rieron. Sí, si en el instituto me hubieras dicho que iba a ser escritor, me habría reído.

Actualmente me paso la vida hablando y escribiendo. ¡Qué gran privilegio! Nunca olvido eso. Constantemente me maravillo de mi vida. Todos los días vienen a verme personas para pedirme consejo en una serie de temas, pero después de las relaciones, la lucha más común en la vida de la gente es su trabajo. No se siente valorada. Tiene la sensación de no estar viviendo de acuerdo con su talento. Siente que está malgastando su vida y que podría estar haciendo mucho más. Siente que no está conectada con su creatividad, y anhela prestar una contribución al mundo de una manera más significativa.

Me encanta hablar en público y escribir. Me resulta más fácil hablar que escribir, pero me gustan ambas cosas, y ambas parecen retroalimentarse de una forma dinámica. ¿Es perfecto todo lo que concierne a mi vida laboral? Por supuesto que no. Demasiados hoteles y aeropuertos, comer bien es un problema, siempre hay algo o alguien que llega tarde, y el encanto de viajar desaparece muy pronto. Muchas llamadas de las recepciones de los hoteles a las 3:30 de la madrugada para despertarme, y esos días me cuesta un poco más tener una actitud de gratitud hacia la vida. Hace un par de semanas estaba en mi casa intentando dormir un rato. Me había tumbado en la cama en un estado seminconsciente cuando sonó el teléfono. Descolgué, dije «Gracias» y colgué. Aproximadamente al cabo de un minuto volvió a sonar. Mi madre me dijo: «¿Por qué me has colgado?» Me había olvidado de que estaba en mi casa y pensaba que me llamaban de recepción para despertarme.

Pero me gusta mi vida y nunca la cambiaría por la de nadie. He encontrado algo que me apasiona. Hago lo que me gusta y me siento muy agradecido por ello. Nunca me despierto pensando: «¡Vaya, hoy tengo que trabajar!» De hecho, muy pocas veces pienso en lo que hago como trabajo, pero imagino que las personas que me rodean probablemente te dirán que trabajo más que nadie que conozcan.

Todos pasamos demasiado tiempo trabajando como para no poder experimentar una profunda satisfacción con lo que hacemos. La realización en el trabajo y la felicidad duradera son inseparables.

Las palabras de Lin Yu-tang, escritor, traductor y editor, respaldan con fuerza esta reflexión:

> A mí me parece que la infelicidad se debe a los nervios; y los malos nervios son el resultado de no tener nada que hacer, o de hacer algo mal, sin tener éxito o de manera incompetente. De todas las personas infelices del mundo, las más infelices son las que no han descubierto lo que quieren hacer. La verdadera felicidad llega al que hace bien su trabajo, tras un periodo de refrescante y relajante descanso. La verdadera felicidad procede de la dosis correcta de trabajo diario.

Vamos a proponernos encontrar el trabajo adecuado, y luego procurar hacer la dosis correcta de trabajo cada día.

El sentido del trabajo

Entonces, ¿por qué trabajamos? ¿Qué sentido tiene el trabajo? ¿Qué valor ha de aportar el trabajo a nuestras vidas? En general, la idea del trabajo conlleva connotaciones negativas en nuestra sociedad. A la mayoría de las personas no les gusta su trabajo y no les gusta trabajar. Cuando alguien dice algo como «las buenas relaciones requieren trabajo», reciben una reacción negativa. El principal problema es que muchas personas están en trabajos que no las estimulan ni motivan, y el segundo problema es que aunque se les diera la oportunidad, muchas preferirían quedarse como están y malgastarían sus vidas. Ésta es una afirmación demoledora, pero si crees que no es cierta, haz un breve estudio sobre cuántas personas conoces que pasen su tiempo haciendo lo que realmente les gusta.

Animamos a los niños a que trabajen mucho, porque tanto si podemos expresarlo como si no, todos sabemos que el trabajo duro y la felicidad van unidos. Últimamente di una charla a un grupo de empresa, y durante una de las sesiones de preguntas y respuestas, uno de los participantes comentó de pronto que si Adán y Eva no hubieran comido la manzana, nunca habríamos tenido que trabajar. Esto es un error muy común. Pero, de hecho, tal como le dije a él, en las escrituras judeocristianas a las que se estaba refiriendo, antes de que se comieran la manzana, Dios había puesto a Adán en el huerto para que «atendiera y labrara la tierra».

El trabajo no es un castigo. ¿Qué sentido tiene el trabajo? ¿Por qué vamos a trabajar? Algunos dirían: «¡Porque no hay más remedio!», y otros: «Para ganar dinero». Pero ambos estarían equivocados. En realidad, no tienes que hacer nada. Nadie puede obligarte a hacer nada. En cierto modo, elegimos ir a trabajar. Y contrariamente a la idea generalizada de que trabajamos para ganar dinero, ganar dinero es secundario en el trabajo.

El principal propósito y sentido del trabajo es que al esforzarnos en hacerlo bien, al prestar atención a los detalles, desarrollamos carácter y virtud. Trabajando duro, desarrollo las virtudes de la perseverancia y la fortaleza; prestando atención a los detalles de mi trabajo, desarrollo paciencia y responsabilidad, y trabajando bien, desarrollo la diligencia.

Cuando enfocamos el trabajo de la forma correcta y con la actitud apropiada, nos ayuda a perfeccionarnos. Lo que eres es infinitamente más importante que lo que haces o lo que tienes. Al igual que todo lo demás en esta vida, el valor del trabajo reside en la forma en que nos ayuda a convertirnos en la-mejor-versión-de-nosotros-mismos.

El trabajo es la base de nuestra búsqueda del carácter. Es importante estar activos. El trabajo es una fuente de salud mental y física. En las civilizaciones antiguas, el retiro siempre era un castigo. Hace más de 2.350 años, Aristóteles señaló que la felicidad se encuentra en la actividad mental y física, no en la holgazanería. La felicidad se encuentra haciendo las cosas que sabemos que hacemos bien y que disfrutamos haciendo. Uno de los errores de nuestra cultura de perseguir la felicidad es que identificamos la felicidad con la mera diversión y con no hacer nada. Solemos confundir la felicidad con la mera relajación y el entretenimiento.

Si queremos descubrir nuestro verdadero yo, pocas cosas nos ayudarán más que trabajar. Demasiadas veces cometemos el error de no hacer nada para descubrir quiénes somos realmente. Muchas veces la gente me dice: «Necesitaba un par de meses de descanso para solucionar esto», o: «Si pudiera alejarme de todo esto, podría poner mis ideas en orden». Nos decimos estas cosas para convencernos de que no podemos solucionar nuestros dilemas en la situación en la que nos encontramos ahora. Huir no suele ser la respuesta. No diré que nunca sea la respuesta, porque a veces lo es. Pero rara vez la respuesta que estamos buscando surge cuando hay menos presión, sino que generalmente sucede todo lo contrario. En arquitectura, si quieres reforzar un arco que se ha debilitado, has de aumentar su carga. Quizá vaya contra nuestros instintos naturales, pero un aumento en la carga une con más fuerza las partes que se han debilitado. Nuestra tendencia natural sería descargar el arco, pero eso sería un error. Lo mismo suele suceder con nuestras vidas.

Trabajar a medio gas puede que te aporte la misma compensación económica que cuando lo haces poniendo todo tu empeño, pero poco a poco empezará a corromper tu corazón, tu mente y tu alma. Los seres humanos no estamos diseñados para hacer las cosas a medias. Estoy harto de oír hablar a la gente diciendo que van a desquitarse de su jefe siendo perezosos o retrasando al máximo algún proyecto. Eso es como beber veneno y esperar a que se muera la otra persona.

Miles de hombres y mujeres van a trabajar todos los días a puestos de trabajo que no les entusiasman, sencillamente para mantener a sus familias. Esto no tiene nada de malo. Es un acto noble y bueno en sí mismo. Si el único sentido que consiguen hallar a su trabajo es el de forjar su carácter y satisfacer las necesidades económicas de su familia, ya están realizando un acto bueno y noble. Pero al mismo tiempo, creo que como sociedad tenemos la responsabilidad de intentar que las personas tengan trabajos en los que se sientan más realizadas, trabajos en los que puedan desarrollar sus dones y habilidades únicas.

El sentido del trabajo no es ganar dinero, divertirse o pasar el rato. Si ganamos dinero y disfrutamos con nuestro trabajo, tanto mejor, pero el principal sentido de nuestro trabajo es ayudarnos a desarrollar el carácter y la virtud. Así que dondequiera que estés, sea cual sea tu trabajo en este momento de tu vida, entrégate por completo. Recoger basura tiene un valor infinito si se hace bien con la finalidad de fortalecer tu carácter y tu virtud. Puede que no se considere el trabajo de mayor prestigio, pero puedes darle sentido viéndolo no como un fin sino como un medio para forjar tu carácter. Si eres basurero y lo haces bien, trabajas duro y prestas atención a lo que estás haciendo, cada hora que pase te irás convirtiendo en una-mejor-versión-de-ti-mismo. Desde esta perspectiva, todo trabajo honrado tiene un valor intrínseco. El trabajo es una oportunidad no sólo para ganar dinero, sino para invertir en nosotros mismos.

Dos fábulas

Las historias tienen la capacidad de traspasar nuestro caos mental y los prejuicios de nuestro corazón para conducirnos a nuevos descubrimientos sobre nosotros mismos, nuestro mundo y la senda que hemos de seguir. Cuando éramos pequeños, nuestros padres nos leían las fábulas de Esopo a mis hermanos y a mí. Me gustaría compartir dos de esas breves fábulas que están especialmente relacionadas con lo que nos ocupa.

La primera es «Hércules y el carretero».

> Un carretero conducía su tiro por un enfangado sendero con una gran carga, hasta que las ruedas de su carro se hundieron tanto en el lodo que por más que sus caballos lo intentaran, no podían moverlo. El carretero estaba allí de pie, mirando impotente e invocando de vez en cuando en voz alta a Hércules para que le ayudara. Entonces el propio dios se le apareció y le dijo: «Coloca tu hombro en la rueda, hombre, y aguijonea a tus caballos, entonces podrás llamar a Hércules para que te ayude. Si no mueves ni un dedo para ayudarte a ti mismo, ¿cómo puedes esperar que Hércules u otra persona venga en tu ayuda?»

Mueve ficha. Da el primer paso. Es tu turno. Todo el universo se vuelca en ayudar a aquellos que persiguen sus sueños. Si lo que deseas es tener un trabajo que tenga sentido para ti, al que puedas dedicarte con pasión todos los días, avanza hacia él. No puedes esperar a que venga a buscarte, tendrás que ser tú quien lo haga.

La segunda fábula es la de «El granjero y sus hijos».

> Un granjero que se hallaba ante las puertas de la muerte y quería contarles un gran secreto a sus hijos, los convocó a todos a su alrededor y les dijo: «Hijos míos, pronto voy a morir. Por eso quiero que sepáis que hay un tesoro enterrado en mis viñas. Cavad y lo encontraréis». En cuanto murió el padre, los hijos tomaron las palas y levantaron toda la tierra de los viñedos una y otra vez en busca de ese tesoro que se suponía que tenía que estar enterrado allí. No encontraron nada, pero después de tanto remover la tierra, las viñas produjeron la mejor cosecha que habían conocido.

El esfuerzo y la riqueza van unidos. Pero no basta con trabajar duro, ni tampoco basta con rezar. Has de trabajar duro en las cosas adecuadas y rezar por las cosas adecuadas. También es importante reconocer que el tesoro no siempre es dinero, y que la satisfacción de hacer algo que merece la pena vale más que una montaña de oro.

Busca algo que consideres que es afín a tus habilidades y carácter y entrégate a ello. Sólo entonces experimentarás la dicha del trabajo. No es fácil. En ciertos aspectos, puede ser más difícil que antes, porque cuanto más te involucras, más te exigirás.

Descubre tu pasión

Puede haber distintas formas de dar sentido a tu trabajo, y éste puede ofrecerte una oportunidad única de desarrollar tu carácter y tu virtud, pero nada de eso implica que no puedas disfrutar con el mismo o que no puedas hacer algo con tus 86.400 horas que te ayude a sentirte más realizado y a que tu vida tenga sentido. Pero descubrir lo que te apasiona y satisfacer las exigencias de la realidad económica de nuestra cultura actual es cada vez más difícil.

Si pudieras hacer algo, ¿qué harías? ¿Estás dispuesto a hacer algún sacrificio? ¿Estás dispuesto a renunciar al dinero y a la posición social, vivir en una casa más pequeña, o tener menos tiempo libre para dedicarlo a formarte y estudiar?

Cuando he hecho entrevistas de trabajo, siempre he planteado estas preguntas en primer lugar. Con frecuencia los candidatos tienen miedo a responder, porque según lo que respondan podría parecer que no están interesados en el puesto. Lo cierto es que quieres que sean sinceros. Lo que pretendes es saber un poco a lo que aspiran. Puedes saber mucho de una persona sabiendo a lo que aspira.

Por supuesto, el primer paso es conocer cuáles son tus pasiones. La mayoría de las personas no lo saben. Saben lo que no quieren porque ya lo tienen o ya lo han visto. Pero pocas personas saben realmente lo que quieren. Y son aún menos las que tienen una idea clara de cuáles son sus habilidades.

¿Cuáles son tus pasiones? Reflexiona unos minutos y haz una lista. Escribe desde lo que te dicte tu conciencia. No le des muchas vueltas a las cosas. Puede que te apasione el chocolate, el béisbol o informar a la gente de lo que está provocando el aumento masivo del cáncer. Escríbelo, escríbelo todo, escribe cualquier cosa que te entusiasme, cualquier cosa que te dé energía. Sólo tienes que escribirlo.

Cuando somos pequeños, la gente nos pregunta: «¿Qué quieres ser cuando seas mayor?» Pero me parece que hoy en día cada vez hay más adultos que se preguntan: «¿Qué voy a ser cuando sea mayor?»

Hace un par de semanas recibí un correo electrónico de uno de mis lectores que decía: «Hoy me he dado cuenta de que estaba contando los días que faltaban para llegar al fin de semana, ¡y resulta que todavía es lunes!» ¿No es el hecho de que tantas personas deseen que pasen cinco días para obtener dos un claro indicativo de que los trabajadores de hoy en día padecen insatisfacción crónica?

Siempre que converso con otras personas en los aviones o cuando firmo libros, me gusta observar cómo suben y bajan sus niveles de energía y de entusiasmo cuando hablamos de diversos temas. La mayoría de personas cuando hablan de su trabajo, utilizan un tono de voz completamente distinto del que usan cuando hablan de sus hijos o de sus próximas vacaciones. En otro correo electrónico, uno de mis lectores explicó: «Hoy es mi tercer día de regreso al trabajo después de las vacaciones de dos semanas, y ya estoy planificando las siguientes. He de pensar que si estuviera más satisfecho con mi trabajo, pasaría menos tiempo planificando y soñando despierto sobre mis próximas vacaciones». Otras personas hablan de recompensarse para conseguir pasar los días y las semanas. Algunas se recompensan con chocolate, otras yendo de compras o yendo a cenar a su restaurante favorito, otras bebiendo, o vegetando cada noche durante horas delante del televisor. Si nos gustara más nuestro trabajo, ¿tendrían tanta importancia estas recompensas en nuestra vida? No lo creo.

Entonces, ¿qué vas a hacer cuando seas mayor? Ahora las cosas no son como hace cien años, cuando el hombre hacía el mismo oficio que su padre, y la mujer tenía hijos y cuidaba de la casa. Actualmente, las posibilidades son extraordinarias. Probablemente, el mayor problema al que hoy nos enfrentamos sea que hay demasiadas opciones. No voy a decirte que puedes hacer cualquier cosa que te propongas, porque sería mentira. Pero sí que te mereces un trabajo en el que puedas disfrutar. No te voy a decir que va a venir alguien que te va a ofrecer ese trabajo. Es muy probable que te resulte muy difícil cambiar tu situación actual. El secreto se encuentra en encontrar algo para lo que tengas talento.

La siguiente pregunta es: ¿cuándo sabrás que has descubierto tu pasión? La respuesta es que cuando ejerces tus talentos y habilidades en algo que te apasiona, no te das cuenta de que pasa el tiempo. Al terminar una charla de una hora, tengo la impresión de que sólo han pasado cinco minutos. Me siento a escribir en mi despacho, y cuando me doy cuenta, han pasado tres horas, pero para mí es como si hubieran pasado quince minutos. Cuando vivimos de acuerdo con nuestros talentos, el tiempo pasa sin darnos cuenta. Quiero que experimentes esa pérdida de la noción del tiempo. ¿Recuerdas los alumnos de instituto de los que he hablado antes? Piensa en dos de tus clases cuando estudiabas, una que te gustara y otra que detestaras. La que te gustaba pasaba en un momento, y la que odiabas parecía eternizarse. La clase que te gustaba representa vivir tu pasión, y la que odiabas representa tu silenciosa desesperación.

¿Experimentamos siempre esa pérdida de noción del tiempo? No. A veces me siento delante del ordenador y el tiempo parece detenerse, o no puedo dejar de pensar que me gustaría estar en otro sitio. Esa falta de noción del tiempo no siempre se produce, pero cuando es así, compensa el resto. Y cuando lo has experimentado, no tienes la menor duda.

No todas las personas han de trabajar en una empresa para encontrar la felicidad. Aunque pueda parecer un poco anticuado, muchas de las mujeres más felices que conozco han descubierto que el trabajo que más las apasiona es educar a sus hijos y cuidar del hogar. Hay muchos grandes hombres y mujeres que se han retirado y que ahora son cooperantes en alguna organización benéfica, y sienten más entusiasmo del que han sentido jamás en sus carreras. El mundo del voluntariado resulta cada vez más atractivo a las personas que buscan un trabajo que tenga sentido y al que puedan entregarse con pasión.

La gente siempre me pregunta por qué el único campo en que se centra mi fundación en su trabajo benéfico es el de las escuelas y universidades. Existen muchas razones, pero una de ellas es que cuando yo era joven, nadie me dijo nunca que intentara descubrir lo que me gustaría hacer en la vida. Lo único que importaba era centrarse en el siguiente nivel, en aprender cosas nuevas, en leer más libros de texto, en hacer los deberes, pasar exámenes, desarrollar más habilidades útiles y pasar de curso. Qué curioso que nadie me dijera nunca: «Matthew, ¿en qué crees que realmente puedes destacar y qué te gustaría realmente?», o «Matthew, ¿qué crees que podrías hacer en tu vida para hacer una contribución real al mundo?»

A pesar de todos los recursos que nuestra sociedad invierte en la educación, casi siempre olvidamos las preguntas esenciales. Los árboles no nos dejan ver el bosque. Nos graduamos con las respuestas a un montón de preguntas, pero ¿nos hemos planteado las preguntas adecuadas? Sin duda, hacerse las preguntas adecuadas es más importante que tener todas las respuestas a todas las preguntas inadecuadas.

No pasa ni un solo día en que no me sienta agradecido por el don de realizar un trabajo que tiene sentido para mí. Tengo una profesión a la que puedo dedicarme con pasión, energía y entusiasmo, y soy muy consciente de lo raro que es eso. Yo lo he descubierto, pero la mayoría de las personas no, y ésta es una de las mayores tragedias de nuestra cultura. Cada noche después de mis seminarios, me siento a firmar libros. Mis amigos a veces me preguntan por qué lo hago. Para mí es una pequeña forma de dar las gracias a la gente por darme la oportunidad de trabajar tanto en algo que realmente merece la pena.

Deseo de todo corazón que descubras tu camino para poder entregarte a un trabajo que para ti valga la pena, y que animes a tus hijos, pareja y amigos a que hagan lo mismo. Piénsalo. ¿Cuántas personas conoces que realmente sean felices en su trabajo? ¿Cuántas personas conoces que estén haciendo algo para lo que realmente han nacido?

Pasitos de bebé

Ha llegado el momento de que encuentres algo que puedas hacer apasionadamente. No te retrases. Haz algo hoy para avanzar en la dirección de tener una ocupación o puesto de trabajo en el que pudieras sentirte realizado. Puede que tardes cinco años en conseguirlo, pero si no empiezas hoy, tardarás cinco años y un día.

Recuerdo la emoción que sentía de pequeño el primer día de colegio, o la noche antes de un gran partido, de las vacaciones de verano, de mi cumpleaños o de Navidad. De adulto estoy aprendiendo a redescubrir ese entusiasmo, no respecto a las mismas cosas, pero sí respecto a otras nuevas y diferentes. ¿Por qué se nos desvanece esa emoción a la mayoría de las personas? No estoy seguro. Quizá porque nos hastiamos de las experiencias y decepciones. Quizá porque estamos demasiado preocupados por todos los detalles prácticos de la vida y perdemos nuestra capacidad para entusiasmarnos. ¿O será tal vez por miedo? ¿Tenemos miedo de los nuevos retos y experiencias y el cambio que pueden suponer? Eso no quiere decir que no tuvimos miedo en la infancia. Sí que lo tuvimos, pero también teníamos el valor para dar un paso y luego otro, el impulso interior de aventurarnos, de experimentar nuevos horizontes, o tuvimos a alguien que suavemente, o no tan suavemente, nos dio un empujoncito. Recuerdo el miedo que tuve cuando mi padre me sacó las ruedas auxiliares de la bicicleta, y el dolor y la vergüenza de caerme un par de veces delante de mis hermanos y amigos, mientras aprendía a ir sin ellas. Pero también puedo recordar la emoción y el entusiasmo de ir en bicicleta por la calle sin esas ruedecitas auxiliares... Fue mi primera experiencia de este tipo de libertad. También recuerdo el nudo que tenía en el estómago, el terror y emoción del primer beso, pero también sobreviví a ello. Cada uno tiene sus propias experiencias. No lo olvides. Nuestro pasado puede darnos valor para el futuro o infundirnos miedo; la elección está en nuestras manos. Cuando miramos atrás elegimos en qué queremos centrarnos.

Ahora ha llegado de nuevo el momento de sacar las ruedas auxiliares. Ha llegado el momento de tener valor para dar el primer beso. Ha llegado el momento de recobrar el entusiasmo y el atolondramiento de la niñez. ¿Recuerdas lo lejos que te parecía estar tu próximo cumpleaños cuando sólo quedaba una semana? El tiempo es ilusorio. ¿Te parecen ahora muy lejanos tus sueños? El tiempo es ilusorio.

Hace varios años conocí a una pareja joven en Pensilvania. En aquellos tiempos, Ray me preguntó si podía dedicarle un tiempo para hablar conmigo en privado respecto a algo con lo que estaba manteniendo una lucha interior. Me explicó que, al igual que muchas otras personas, no se sentía realizado con su trabajo y que desde que había leído *The Rhythm of Life*, su inquietud por seguir sus sueños era cada vez mayor.

Le hice algunas preguntas para hacerme una idea de su situación, me explicó que trabajaba para una empresa textil propiedad de su familia, pero que lo que realmente quería hacer era pasar al campo del cuidado del cuerpo. Al ahondar más se revelaron sus deberes, conflictos interiores, el miedo y el sentido de culpa que tan a menudo acompañan a estas situaciones en las que hay de por medio un negocio familiar. Luego hablamos de la seguridad que le ofrecía su trabajo actual y de las dudas de su esposa sobre sus sueños.

Cada semana vienen a verme personas que están en la situación de Ray, pero nunca he visto a nadie manejar la transición con la paciencia y disciplina que lo hizo él.

—¿Cuál es el sueño? —le pregunté—. Si pudieras hacer algo, ¿qué es lo que harías?

Me explicó que le gustaría tener su propio centro de *fitness* y salud física.

—¿Cuál es el primer paso? —le pregunté entonces. Hablamos de diferentes opciones, y le animé a lo que animo a todo el mundo: desglosarlo en pasitos de bebé. Da primero los pasos que no te obligan a abandonar tu situación actual. Haz lo que puedas hacer por añadidura, fuera de horas, por las tardes y los fines de semanas.

Para Ray el primer paso era entrenarse y sacarse el título de entrenador personal. El siguiente paso era empezar a trabajar como entrenador personal fuera de su horario laboral. Muchas personas dan los dos primeros pasos y se dan cuenta de que no es lo que ellas pensaban. Si dejan su trabajo para dar estos dos primeros pasos previos, luego se encuentran en el limbo. Pero del modo en que lo hizo Ray, su pasión por el *fitness* y la salud y el bienestar físico no hizo más que incrementarse.

Fue probablemente un año o año y medio más tarde cuando Ray volvió a hablar conmigo para hablar del salto final hacia su sueño. Quería abrir un gimnasio. He de reconocer que, al principio, yo también tenía mis dudas. Para un hombre joven como él, con una esposa y dos hijos, el riesgo económico de montar un negocio con todos los servicios en una industria dominada por las cadenas me ponía un poco nervioso. Pero me explicó su plan y empecé a pensar en el modo en que había dado sus pasos transitorios hacia su sueño. Luego pensé para mis adentros: «El carácter es el destino», pero seguía estando bastante intranquilo por él.

Un día estaba revisando mi correo y vi que me había enviado fotos de la gran inauguración. Y al cabo de un año me envió una de las mejores cartas que he recibido jamás: me explicaba que su negocio iba de maravilla, que estaba viviendo su sueño, que nunca se había sentido tan vivo, y que si nunca hubiera leído *The Rhythm of Life,* todavía estaría imprimiendo camisetas preguntándose qué es lo que le faltaba en la vida. Cuando estoy desanimado, me gusta recordar la historia de Ray.

Entonces, ¿cuáles son tus pasitos de bebé? ¿Cuáles son los pasos intermedios que puedes dar sin poner tu vida boca abajo? Quizás el primer paso sea pasar algún tiempo en silencio y soledad para descubrir qué es lo que más te apasiona. Quizás esta vez necesites descubrir otros pasos intermedios. Luego puedes empezar a darlos. Rehaz tu currículum. Apúntate a hacer algún curso. Empieza a investigar qué áreas te interesan. Busca un mentor en esa industria. Haz voluntariado un día al mes. Envía una solicitud para un nuevo trabajo.

Hay docenas de cosas que puedes hacer ahora, que te acercarán a encontrar ese trabajo que te llene más. Empieza hoy a hacer algo de eso. Comprométete a hacer algo en las próximas veinticuatro horas que te acerque a ese trabajo que es más adecuado para ti. Una sola cosa. Identifícala y hazla. Luego, durante los noventa días siguientes, haz cada día una cosa que te acerque a tu trabajo ideal. Dando estos pequeños pasos en la dirección correcta, empezarás a sentir que la pasión, la energía y el entusiasmo vuelven a tu vida, y éstas alimentarán el impulso del momento. Te sorprenderá ver lo que puedes conseguir en noventa días. Márcalo en tu calendario.

La cuarta lección para una felicidad duradera es:

DESCUBRE LO QUE TE GUSTA Y HAZLO

Puede que tardes meses o años en descubrir qué es lo que te gusta. Puede que tardes meses o años en tener un trabajo en el que puedas hacer lo que te gusta a tiempo completo, pero de algún modo, en mayor o menor medida, puedes empezar a hacer lo que te gusta hoy mismo. Eso está bien. Una vez que te involucras en lo que te gusta hacer, aunque sólo sea una hora al día, liberarás una gran cantidad de pasión y energía en tu vida. Todas las áreas de tu vida mejorarán porque te habrás reencontrado con tu entusiasmo por la vida.

La vida es amor. ¿Qué es lo que te encanta hacer? Hazlo. ¿Cómo te gusta ser? Selo. ¿Qué es lo que te gustaría tener? Tenlo y compártelo. ¿A quiénes te gustaría amar? Ámalos.

Para muchas personas, el único obstáculo entre ellas y un trabajo que las apasione son sus compromisos económicos. Esta es otra razón por la que paso tanto tiempo con los jóvenes en los institutos y universidades. Intentando ayudarles a que descubran qué es lo que los apasiona antes de que tomen decisiones y adquieran compromisos en la vida. Esto es algo que se hace mejor de joven, soltero y sin compromisos.

Si los compromisos económicos son tu único obstáculo, entonces has de volver a tus primeras preguntas. ¿Estás dispuesto a adaptar tu estilo de vida? ¿Valoras más el trabajo que puede apasionarte que la gran pantalla de televisión y el calzado deportivo de precio exagerado? ¿Estás dispuesto a hacer sacrificios? ¿Está tu familia dispuesta a hacer sacrificios? ¿Vivirías en una casa más pequeña si pudieras trabajar en algo que te gusta el noventa por ciento de las veces?

La otra posibilidad a tener en cuenta es que puede que no te sea posible hacer lo que te gusta todo el tiempo. Disfruta de tus pasiones a través de tus aficiones, abriendo un negocio paralelo o trabajando de cooperante. De un modo u otro, tanto si son cuarenta horas a la semana como tres, descubre lo que te gusta y hazlo.

Aplica tu cuarta lección para una felicidad duradera:

DESCUBRE LO QUE TE GUSTA Y HAZLO

Aplicaré la cuarta lección para una felicidad duradera en mi vida dando los siguientes pasos:

1. Trabajaré mucho y bien, prestaré atención a los detalles de mi trabajo, aunque mi trabajo sea poco importante o menos significativo de lo que me gustaría. Daré sentido a mi trabajo actual reconociendo conscientemente que cada hora de trabajo, cada tarea es una oportunidad para desarrollar la virtud y el carácter y llegar a ser la-mejor-versión-de-mí-mismo.

2. Empezaré a identificar y a erradicar todo lo que hago sin pasión en mi vida. Si hay cosas a las que no puedo entregarme, las examinaré y determinaré su función o necesidad en mi vida. Si puedo librarme de ellas sin perjudicar a los demás o a mí mismo, y sin abandonar un compromiso que he de mantener, las suprimiré con la mayor brevedad posible. Si no puedo librarme buenamente de estas cosas por cualquier razón válida, afrontaré la desesperación de la mediocridad con valor.

3. Haré una lista de todas las cosas que me apasionan. Al hacer la lista, no me censuraré o restringiré en modo alguno. Escribiré desde mi flujo de conciencia, intentando no dar-

le vueltas a nada y escribiendo hasta las cosas que me parecen imposible. Celebraré aquí y ahora todas las cosas que me apasionan de todas las formas que pueda, por pequeñas que sean.

4. Si no estoy contento con mi trabajo, me preguntaré cuál es la causa de mi infelicidad. ¿Soy yo, mi actitud, el jefe, los compañeros de trabajo, la retribución, el entorno o la propia naturaleza del trabajo? Si decido que lo que más me conviene es cambiar de trabajo, empezaré a actuar inmediatamente, pero con prudencia. Entretanto, veré la situación actual como una oportunidad para desarrollar mi paciencia y fortaleza.

5. Si decido que me ha llegado el momento de encontrar un trabajo que me guste, voy a empezar activamente a hacer alguna cosa en las próximas veinticuatro horas que me acerque un paso más a trabajar en lo que es más adecuado para mí y en lo que pueda entregarme por completo. En los noventa días siguientes, emprenderé una acción cada día, por pequeña que sea, para prepararme de algún modo para mi nuevo trabajo.

6. Haré pausas de vez en cuando y recordaré los distintos momentos en el pasado en que he tenido miedo, pero he sido capaz de superarlo y atravesar fronteras: mi primer beso, la primera vez que monté en bicicleta sin las ruedas auxiliares, la primera vez que monté en una montaña rusa, mi primera lección de natación. Recordaré estas ex-

periencias para aumentar mi valor cuando me vuelva a enfrentar al miedo. No me dejaré paralizar por el miedo. Me recordaré que la medida de mi vida será la medida del valor, y andaré con decisión.

5

¿En qué crees?

Todos creemos en algo. Hasta los que no creen en algo creen que no creen. Un ateo *cree* que no existe Dios. La falta de creencia no es la ausencia de la misma, sino la presencia de una creencia opuesta. Un agnóstico *cree* que no sabe si existe Dios. El objeto de nuestras creencias puede variar significativamente, pero todos creemos en algo. Es inevitable. Es imposible no creer en algo. Forma parte de nosotros mismos. La capacidad de creer forma parte de lo que nos hace humanos. No puedes elegir creer o no creer, sólo puedes elegir en *qué* creer.

Nuestras vidas están dirigidas por la creencia. Cruzas la calle, y crees que los que conducen por el otro sentido se detendrán en cuanto vean el semáforo en rojo. Cuando conduces, tienes fe en que los conductores del otro sentido se quedarán en su lado. Aunque no tengas una fe ciega en ello, lo crees en cierta medida. Sin creencias, estaríamos totalmente paralizados por el miedo a todos y a todo y nos quedaríamos reducidos a un sinfín de paranoias que no nos dejarían actuar en el mundo.

Todos creemos en algo.

En este capítulo mi finalidad es explorar la creencia religiosa, que es en lo primero que pensamos cuando se mencionan las palabras *creencia* y *fe*. Lo que quiero indagar son las creencias personales y prácticas que influyen en nuestra vida cotidiana. ¿Crees que es mejor salir a buscar egoístamente lo que quieres, o crees que compartir aporta algún valor a tu vida? ¿Crees que puedes hacer algo para que el mundo sea más armonioso, o crees que la paz mundial se escapa totalmente de tu control? ¿Crees que la gente es intrínsecamente buena, o crees que las personas te utilizarán y te harán daño a la menor oportunidad?

Para muchas personas, estas creencias personales y prácticas están muy influenciadas por sus creencias religiosas. Pero todos tenemos creencias prácticas, aunque no tengamos creencias religiosas, y ese es el denominador común que quiero explorar.

Me he dado cuenta de que lo que dice y hace la gente es interesante, pero *por qué* la gente hace lo que hace y dice lo que dice es absolutamente fascinante. Esta pregunta está en la esencia de la intimidad y de las relaciones. Por ejemplo, si una persona expresa una creencia, nuestra respuesta condicionada en nuestra sociedad hipercrítica es juzgar a esa persona según difieran sus creencias de las nuestras. Esto es un acto de inmadurez y de inseguridad, y en última instancia, de miedo. A medida que maduramos, somos más conscientes de dos realizaciones importantes. La primera es que las personas no nacen con creencias y opiniones; son el resultado de su educación y experiencias. Por lo tanto, las opiniones y creencias de la gente siempre se están afinando a medida que experimentan nuevas experiencias y una educación más avanzada.

La segunda es que la creencia es algo que evoluciona en nuestra vida. ¿Has creído siempre lo mismo que crees hoy en día? Por supuesto, que no. Has desarrollado tus creencias como respuesta a la educación y experiencias a las que has estado expuesto en tu vida. Existen muchas probabilidades de que tus creencias sigan cambiando a medida que vayas alcanzando una madurez intelectual y espiritual en los años venideros.

Todos tenemos la capacidad de creer, y lo que creemos afecta al modo en que vivimos. No nacemos con creencias, las desarrollamos en el camino. Las adoptamos y las eliminamos. Las vivimos y las probamos. Las abandonamos y las traicionamos. La creencia es innata en el ser humano, por lo que no podemos intentar fervientemente lograr la perfección y no ver el papel que desempeña la creencia en nuestras vidas.

Más allá de una vida dividida

¿Por qué son tan importantes las creencias en nuestra discusión? La razón es que no hay modo más rápido de conseguir una infelicidad duradera que actuar contra nuestras creencias. Cuando actuamos en contra de nuestras creencias, creamos infelicidad para nosotros mismos y para los demás. No puedes llegar a ser tú mismo engañándote. Las creencias desempeñan un gran papel en nuestra felicidad y en nuestra infelicidad. El dilema al que nos enfrentamos es tratar de averiguar cuáles de nuestras creencias están condicionadas o se basan en una educación errónea, y cuáles son buenas y verdaderas en y por ellas mismas.

Luchar contra nuestras creencias forma parte del proceso de madurar. Algunos desterramos fácilmente las creencias condicionadas —demasiado fácilmente—, mientras que a otros les cuesta mucho deshacerse de creencias autodestructivas. En el pasado la creencia de que el hombre tenía que ser el proveedor de la familia era casi universal. Actualmente, los tiempos han cambiado y en muchos casos son las mujeres las únicas proveedoras de la familia. Sin embargo, hay hombres que se sienten divididos entre una creencia condicionada y la realidad de sus vidas.

Mi padre se educó en la pobreza, en Londres. Ya de mayor era contrario a arriesgarse en lo que a inversiones se refería. Con el transcurso de los años, a medida que fue saliendo de la pobreza para lograr una relativa prosperidad, sus creencias sobre el dinero siguieron sin cambiar. Se preocupaba por el dinero, y eso influía en su capacidad de disfrutar de él. Sus creencias respecto al mismo afectaban a su felicidad. Esto son sólo ejemplos sencillos, pero sean cuales fueren nuestras creencias, influyen en nuestra vida cotidiana. A veces tenemos creencias de las que ni tan siquiera somos conscientes porque están profundamente arraigadas debido a experiencias del pasado.

¿Te has sentido dividido alguna vez? ¿Eres consciente de tus conflictos interiores? ¿Te sientes atraído en dos direcciones distintas? El año pasado parecía que cada vez que mis mejores amigos me preguntaban cómo estaba, la respuesta era: «¡En conflicto!» Mi hermano acababa de morir trágicamente en un accidente de tráfico, mi padre había muerto dieciocho meses antes de cáncer, y yo me estaba cuestionando muchas cosas sobre mi vida y mi mundo. Estaba en conflicto. Sentía que tenía que hacer ciertas cosas, pero me sentía atraído hacia otras. Fue una temporada especialmente caótica provocada por la confrontación con la muerte, una experiencia que te catapulta hasta tu propia esencia, pero todos experimentamos los conflictos internos de formas distintas. Muchas veces voy a un restaurante, y cuando miró el menú, lo que realmente me apetece es una hamburguesa con patatas fritas; sin embargo, suelo pedir salmón a la brasa y ensalada. Pero se produce una lucha interior que se inicia cuando miro la carta y cuando le digo al camarero lo que quiero. Por ejemplo, quizá tengas un plan de ahorro, pero hacia final de mes ves algo en una tienda que realmente quieres comprar. ¿Comprar o no comprar? Esto crea una situación de conflicto interior.

Generalmente, en esos momentos sabemos lo que hemos de hacer. Sabemos qué opciones nos conducirán a una felicidad duradera y sostenible, pero nos sentimos atraídos por los placeres momentáneos. Pero algunas cosas pueden empezar como un placer y terminar en algo negativo que nos hace infelices. El alcohol puede empezar como un placer y terminar con nosotros. Las cosas vistosas, cosas que parecen buenas y placenteras, pero que en realidad nos traen desgracias e infelicidad, suelen engañarnos. Pueden parecer buenas porque son atractivas, seductoras, placenteras o fascinantes, pero cuando te excedes con ellas, pierdes tu paz interior, como si estuvieras viajando sin billete y tuvieras miedo a ser descubierto. La mayoría de las veces las cosas vistosas nos engañan, simplemente porque actuamos por impulso y no tenemos suficiente tiempo para reflexionar sobre lo que vamos a hacer.

Lo importante de todo esto es que cuando actuamos en contra de nuestras creencias, empezamos a crear divisiones en nuestro interior. Cuando mentimos, por ejemplo, creamos una división artificial entre nuestras creencias y nuestras acciones, y esta división crea un conflicto interno y un sentimiento de estar divididos.

La realidad es que vivimos en un mundo donde se está convirtiendo en una costumbre actuar en contra de tus creencias, por lo que muchos viven vidas divididas. Una vida dividida siempre tiene sus raíces en una traición de nuestro yo. Abandonamos nuestras creencias, buscamos una justificación y abdicamos nuestra responsabilidad con mil excusas: «Fui infiel a mi esposa porque no me prestaba suficiente atención», «Mentí sobre mis ingresos porque los impuestos eran muy altos. Además todo el mundo lo hace. Los únicos que no lo hacen son los que no pueden, y si pudieran, lo harían», «Todos mis amigos lo hacían, así que pensé que yo también debía probarlo». En estas acciones, de mayor o menor importancia, lo que realmente está sucediendo es una traición del yo. Cuando abandonamos nuestras creencias, abandonamos a nuestros yoes.

La vida dividida tiene su atractivo, no cabe duda, de lo contrario no nos sentiríamos atraídos hacia ella, pero también tiene un precio muy alto para nosotros mismos y para quienes nos rodean. El coste para nosotros se manifiesta de muchas formas desde la inquietud, la enfermedad, la reducción de nuestra capacidad para contribuir positivamente en la sociedad, la incapacidad para experimentar felicidad hasta la negación de la yoidad, el descontento general y la incapacidad de tener relaciones significativas. Este precio es muy alto.

Muchas personas, cuando se confrontan con la división que hay en sus vidas, utilizan las grandes excusas que he mencionado antes: «Esta es mi vida y hago con ella lo que quiero» y «Déjame en paz, yo soy así». Pero como ya hemos visto en el capítulo 3, no existen acciones puramente personales. Si elegimos vivir una vida dividida traicionándonos, inevitablemente afectará a las vidas de quienes nos rodean, incluso a las de personas que ni siquiera conocemos.

Una de las grandes, humildes y gentiles voces de nuestros tiempos es la de Parker Palmer, que escribió: «Estar dividido es una patología personal, pero pronto se convierte en un problema para otros». Somos testigos de este fenómeno en los negocios, en los centros educativos, en los hospitales, en la política internacional y nacional, en las familias y en nuestras relaciones más íntimas. Nuestro mundo está cargado de las inevitables consecuencias de nuestras vidas divididas: violencia, corrupción política, relaciones rotas, injusticia económica, deterioro medioambiental y guerras. Todo ello son expresiones externas de nuestra división interna. Cuando nos traicionamos, causamos estragos y miseria en nosotros mismos y en los demás. Hace ochocientos años, el poeta Rumí dijo: «Si eres desleal con nosotros / estás provocando un gran perjuicio».

El coste de una vida dividida es muy alto y devastador. Y sin embargo, a pesar de todo esto quedan dos cosas: nuestro deseo de integridad y la voz que puede conducirnos hacia la misma.

Durante años la gente me ha preguntado cómo era posible que siendo tan joven escribiera sobre las cosas que escribo. Hay muchas respuestas a esa pregunta. He pasado innumerables horas en el aula del silencio desde el final de mi adolescencia, y cada año sigo aprendiendo más del silencio que de los libros. He tenido el extraordinario privilegio de viajar a más de cincuenta países, y esa exposición a la humanidad en tantas culturas distintas ha supuesto una educación inigualable en la asignatura de las luchas y las cualidades de las personas. Y aunque valoro el silencio, también tengo un apetito insaciable por la lectura y el estudio, por aprender cosas nuevas en todas las áreas, desde la filosofía y la ciencia hasta los negocios y el desarrollo personal. Con el paso de los años también he refinado la habilidad única de observarme a mí mismo y a los demás, y de estas observaciones puedo deducir los rasgos comunes de la naturaleza humana. Pero lo que rara vez comparto con las personas es que gran parte de lo que escribo nace de mis propias luchas internas. El hecho de que escriba sobre estas cosas, a veces con extraordinaria claridad, no significa que yo mismo no tenga que enfrentarme a mis propias luchas. Sería un error pensar que me siento en mi despacho y escribo estas palabras desde un pozo imaginario de ideas. Si escribo sobre algo con claridad, probablemente sea porque es contra lo que más he tenido que luchar.

Mi lucha es mi anhelo de trascender el sentirme dividido. Anhelo sentirme completo. He vivido dividido. En demasiadas ocasiones me he traicionado. Pero sigo surgiendo de todo esto con el mismo anhelo de vivir una vida de integridad. Este anhelo no ha disminuido. Cada vez es más fuerte.

No me hago ilusiones respecto a que debamos alcanzar algún tipo de perfección robótica. Ansío la integridad que me permita ser como soy, y al mismo tiempo esforzarme para alcanzar todo lo que soy capaz de alcanzar y llegar a ser todo lo que soy capaz de llegar a ser. Esta integridad se compone de satisfacción, la satisfacción de quien soy ahora y el anhelo de mejorar en el futuro. La clave para una relación saludable con nosotros mismos y con los demás es la búsqueda del delicado equilibrio que nos permita coexistir.

La clave para crear este equilibrio es sintonizar con nuestras acciones y creencias. Las palabras fluyen con facilidad cuando las escribo, pero ésta es mi lucha constante en mi vida, y supongo que también en la tuya. Cuando vivo mi vida separado de mis creencias, soy desgraciado, y por eso estoy convencido de que la felicidad duradera no se puede conseguir si no unimos nuestras acciones con nuestras creencias.

¿Estás viviendo en armonía con tus creencias, o vives una vida dividida?

La voz del auténtico Yo

Podría parecer, entonces, que el gran reto es poner en práctica lo que creemos. Esto es sorprendentemente fácil. Cuando nos enfrentamos a los dilemas de todos los días, todos tenemos una guía que nunca se equivoca y que a menudo olvidamos. La voz del auténtico yo nos llama sin cesar desde dentro. Tradicionalmente se lo ha llamado la voz de la conciencia, pero lo llamemos como lo llamemos, todos tenemos esta voz interior y amable que es nuestra verdadera guía.

Estamos constantemente abrumados por voces externas: las de padres, amigos, maestros, mentores, tutores, hermanos, jefes, expertos, celebridades, políticos, predicadores, asesores. Todas estas voces hacen que sea muy fácil silenciar la voz del auténtico yo. Pero esta voz interior es la voz de la-mejor-versión-de-ti-mismo que te está hablando. Es la voz de la integridad, del carácter, de la virtud. Muy posiblemente sea la única voz de tu vida que no tiene otra misión que la de hacer que seas cada vez mejor.

Identificar un conjunto de creencias y crear la frase que refleje tu misión son ejercicios muy potentes y útiles, pero ante todo es esta voz interior más que ninguna otra cosa o más que nadie la que te ayudará a descubrir lo que crees. No lo conseguirás de golpe, aunque nos gustaría que así fuera, sino paso a paso. Si aprendes a escuchar la amable voz que hay en tu interior, ésta será cada vez más fuerte, y si vives de acuerdo con lo que escuchas, esa voz será cada vez más clara.

Sólo porque estés perdido no significa que tu brújula se haya estropeado. La voz del auténtico yo te ayudará a sanar las heridas que te ha creado el estar dividido en tu vida, aconsejándote en cada momento, en cada situación por separado, para que actúes conforme con lo que es bueno, auténtico, noble y hermoso. Al volver a actuar conforme a tus creencias empezarás a crear una nueva armonía en tu vida.

La segunda lección para una felicidad duradera era «Haz la siguiente cosa correcta». ¿Cómo sabemos cuál es la siguiente cosa correcta? Escuchando la voz del auténtico yo, esa suave pero insistente voz interior. La tercera lección era «Antepón el carácter». ¿Cómo anteponemos el carácter? Sintonizando nuestras acciones con nuestras convicciones. Es la unión entre la creencia y la acción lo que aporta integridad a la vida.

Con frecuencia nos tomamos a la ligera la típica frase de «escucha a tu corazón» considerándola demasiado sentimental o sensiblera. En parte se debe al hecho de que se ha repetido muchas veces durante mucho tiempo. Pero la mayoría de las frases hechas contienen una verdad universal e inmutable. Deberíamos superar nuestras reticencias respecto a esta frase hecha y tomarnos más en serio los consejos de nuestro corazón.

Cada año miles de personas buscan consejo sobre temas que van desde las relaciones hasta los negocios, la política, la educación de los hijos o la consecución de los sueños personales. Más del noventa por ciento ya saben qué es lo que tienen que hacer en sus circunstancias. La mayoría de las veces buscamos consejo porque nos falta el valor para hacer lo que tenemos que hacer, porque pensamos que alguien puede sacarnos de una situación a la que inevitablemente hemos de enfrentarnos para estar en paz con nosotros mismos, o simplemente porque necesitamos la solidaridad de saber que alguien más conoce la situación en la que nos encontramos. Con esto no quiero decir que no debamos buscar consejo, ni tampoco que yo sea el consejero que tantas personas buscan. Pero no sé de nadie que haya confiado demasiado en su voz interior. La mayoría se desvía en dirección contraria y muy rara vez busca el consejo del auténtico yo.

Las voces del mundo pueden ser muy seductoras, pero no suplen a nuestra gentil voz interior. Fue Platón quien dijo: «Una vida sin examinar no merece la pena». Dediquemos cada día un tiempo a aislarnos del alocado, ruidoso y ocupado mundo para entrar en el santuario del aula del silencio y descubrir quiénes somos, qué creemos y para qué estamos aquí. Decidamos en este mismo momento dedicar más tiempo a escuchar la cálida voz interior y a reflexionar sobre lo que está sucediendo dentro de nosotros. Si alimentamos y nutrimos nuestra vida interior, nuestra vida exterior también medrará.

Aunque no hagas ninguna otra cosa en esta vida, aprende a escuchar esa voz interior. Te guiará, y si le haces caso, vivirás una vida fuera de lo común.

La unidad de la vida

Todos anhelamos esto: la unidad de la vida. ¿Qué es la unidad, o mejor la unicidad de la vida? Es el sentido de que nuestra vida es una, que no está compartimentada, sino que es una sola vida ordenada y palpitante. La unicidad de la vida proporciona paz interior. Es lo contrario al sentimiento de división y conflicto del que hablábamos en el capítulo anterior. La unicidad de la vida es el resultado de sintonizar nuestras acciones con nuestras creencias, y eso conduce a una vida de integridad, a una vida completa, no dividida.

Entre 1953 y 1981, la Peregrina de la Paz caminó más de 40.000 kilómetros recorriendo los Estados Unidos difundiendo su mensaje. Habló con la gente de la paz interior y de la paz en el mundo en caminos polvorientos, en las calles de las ciudades, en las universidades, iglesias, grupos cívicos, en la radio y la televisión. En sus escritos sobre la paz interior hablaba de cuatro preparaciones. La segunda es especialmente interesante para nosotros en este momento:

> La segunda preparación tiene relación con obtener la armonía en nuestras vidas con las leyes que gobiernan este universo. Si nos falta armonía debido a nuestra ignorancia, sufri-

mos un poco, pero si tenemos mayor conocimiento y seguimos sin armonía, sufrimos mucho. Sé que estas leyes son conocidas y aceptadas, por lo tanto, sólo hemos de ponerlas en práctica.

Esta es la razón por la que me propuse un proyecto muy interesante. Fue vivir todas las cosas buenas en las que creía. No me sobrecargué intentando hacerlas todas a la vez, sino más bien dejaba de hacer algo que sabía que no debería hacer, y siempre renunciaba a ello rápido. Esa es la vía fácil. Hacerlo paulatinamente es un proceso duro y largo. Y si no estaba haciendo algo que sabía que tenía que hacer, me ponía manos a la obra. Ahora si creo en algo, lo pongo en práctica. De lo contrario, no tendría ningún sentido. No puede haber armonía en ninguna vida si la creencia y la práctica no van al unísono.

Si queremos alcanzar alguna vez la armonía, la paz interior y la unicidad de la vida, hemos de empezar a unir nuestras acciones con nuestras creencias. En nuestra búsqueda de una felicidad duradera es importante que siempre recordemos que la felicidad no se consigue buscando la felicidad, sino que es el resultado de nuestra forma de vivir correcta. Vivir correctamente, una vida íntegra, se consigue viviendo nuestras creencias a través de nuestras acciones cotidianas.

El problema al que nos enfrentamos es que vivimos en una sociedad donde se fomenta la duplicidad. Los médicos nos instan a que abandonemos nuestras creencias personales cuando cruzamos la puerta del quirófano, los profesores nos dicen que abandonemos nuestras creencias al entrar en clase, y por el bien de la unidad del partido a los políticos se les dice que traicionen sus creencias en ciertos asuntos; los ejemplos son interminables.

Toda esta duplicidad se produce en nombre de la unidad, pero en realidad nos está dividiendo y destruyendo.

No puedes abandonar la ética y las creencias al entrar en tu puesto de trabajo y pretender vivir en armonía y unidad. No puedes dejar de lado ciertos valores y creencias cuando socializas con amigos y pretender mantener tu paz interior. El carácter y las creencias no son como un interruptor de la luz que se puede encender y apagar, o como un abrigo y un sombrero que se pueden dejar en la sala de espera. Forman parte de nuestra propia esencia. Cuando los tratamos como accesorios opcionales y desechables, creamos divisiones en nuestro interior.

La integridad personal —vivir según nuestras creencias, desear activamente el bien para los demás, hacer lo que hemos dicho que íbamos a hacer— es esencial para la unicidad de la vida. ¿Cómo empezamos a crear esta unicidad en la vida?

La unicidad de la vida se establece tomando una decisión a la vez. Siempre hemos de detenernos a escuchar esa suave y cálida voz interior y actuar de acuerdo con lo que nos dicta. La mayoría de las veces sabemos qué es lo correcto. Siempre me sorprendo cuando, al ver que un niño o niña de cuatro a seis años viene a preguntarme si puede hacer alguna cosa, y le respondo con la pregunta: «¿Te ayudará a convertirte en la-mejor-versión-de-ti-mismo?», al momento sabe lo que ha de hacer. Sabe lo que es bueno para él o ella y lo que no. La voz del auténtico yo probablemente sea más fuerte en los niños pequeños que en los adultos, que la hemos desconectado hace mucho tiempo.

¿Eres la misma persona en tu trabajo que en casa? ¿Te comportas de forma diferente con tus amigos que con tu pastor? Si todas las personas que te conocen se reunieran y hablaran de ti, ¿pensarían que están hablando de personas diferentes? Tendemos a compartimentar nuestras vidas, el puesto de trabajo aquí y la familia allí, nuestras creencias y espiritualidad en una parte y nuestra vida social en otra. Esta compartimentación crea divisiones en nuestro interior, y eso es enemigo de la paz interior.

La unicidad de la vida crea un sentido de continuidad entre los diferentes aspectos de nuestra vida y personalidad. Mientras nos esforzamos en devolver la armonía a nuestras vidas con todo lo que creemos que es bueno y auténtico, no hemos de olvidar el papel de la responsabilidad y el poder de la amistad. Tenemos una gran capacidad para autoengañarnos. Nos justificamos y razonamos en balde intentando convencernos de que la duplicidad es ventajosa, manejable, inofensiva o sencillamente necesaria. Hay aspectos del viaje a los que tendremos que enfrentarnos solos, el tiempo en el aula del silencio para descubrir quiénes somos, qué hacemos aquí y los momentos de tomar decisiones en solitario. Pero, en general, la carga del viaje es demasiado grande para soportarla nosotros solos. Necesitamos la ayuda de los demás. Las personas medran en comunidades saludables. Tanto si una comunidad es tan pequeña como una familia o tan grande como una nación, su salud reside en su voluntad de fomentar y apoyar a cada miembro para que medre convirtiéndose en quien realmente es.

Tarde o temprano, en nuestra vida ascendemos o descendemos para ponernos al nivel de nuestras amistades. En la vida de una persona no hay sustituto para la amistad del carácter y de la integridad.

Es extraordinario que en nuestros tiempos, en una época con tantos avances tecnológicos, todavía mueran 50.000 personas al día en África debido a enfermedades que se pueden prevenir y a la pobreza extrema. Cincuenta mil personas. Personas reales, que mueren realmente cada día. Pon el dedo en cualquier parte del globo, y tendrás innumerables ejemplos de pobreza e injusticia. Pero en las naciones desarrolladas, la gran pobreza es la pobreza de la verdadera amistad. Necesitamos amigos que nos ayuden a ser íntegros, no que nos dividan todavía más. De hecho, ¿la palabra *amigo* no sugiere algo bueno y positivo? Creo que esta palabra se emplea demasiado a la ligera en muchos casos. Un verdadero amigo te ayuda a convertirte en la-mejor-versión-de-ti-mismo, alguien que te anima y reta, alguien que te escucha pero que también te considera responsable.

Entre las personas con las que hablo en mis seminarios y con las que mantengo correspondencia, su gran frustración es que cuando deciden emprender un nuevo camino y realizar el viaje hacia su auténtico yo, se encuentran muy solas. Muchas personas se salen de este camino simplemente porque no encuentran a nadie con quien hacer el viaje, y sólo un alma excepcional puede hacerlo sola. Necesitamos apoyo y ánimos, pero también responsabilidad si queremos restaurar la unicidad en nuestra vida y mantenerla. Busca algunos amigos que te acompañen en el camino. Sed sinceros entre vosotros y cuidaos mutuamente, porque las amistades que nos ayudan a alcanzar la perfección en nosotros mismos quizá sean lo más bello y raro que podamos encontrar en nuestra cultura.

Por lo tanto nos encontramos en una encrucijada. ¿Seguiremos viviendo nuestras vidas divididas, o buscaremos la integridad creando unidad entre sus diferentes aspectos?

No más divisiones. ¿No es así como todos deseamos sentirnos? ¿No quieres sentirte realizado? Para gozar de la integridad hemos de lidiar con la conciencia y la elección. Son la fuente de la división y de la unidad, la fuente de nuestra ruptura y de nuestra sanación. El mero hecho de ser conscientes de nuestra división, de reconocer nuestra necesidad de unión en y por sí misma, es ya sorprendente y poderoso. Eso es conciencia. Entonces, podemos responder a eso de lo que nos hemos hecho conscientes y observarlo en nosotros mismos y en nuestras vidas. Esa respuesta es elección. Podemos elegir una nueva forma y avanzar hacia una forma de vida sin divisiones, o podemos olvidar lo que hemos descubierto y enterrarnos en nuestra condición compartimentada.

El conflicto interior y la división que asuelan tantas vidas es el resultado de vivir en contra de nuestras creencias. ¿Vives una doble vida? ¿Una triple vida? ¿Una cuádruple vida? ¿Vives una vida en la escuela, otra en el trabajo, otra en casa, otra en la iglesia y otra con tus amigos? ¿Eres de una forma con algunas personas y de otra cuando estás con otras? ¿Cuántas vidas vives?

El problema no es que no creamos

Las creencias desempeñan un gran papel en nuestras vidas. No se pueden confinar a ningún aspecto de nuestra experiencia en el mundo, y una vez que nos hemos entregado a ciertas creencias, es imposible desoírlas sin provocarnos un gran perjuicio a nosotros mismos y a las personas que nos rodean. Esa es la razón por la que es tan importante que adoptemos creencias con cautela. Gautama Buda escribió: «No creas nada sólo porque yo te lo haya dicho. Pero cree en lo que, tras su debido análisis y examen, consideres que es por el bien de todos los seres».

El problema no es que no creamos, sino que no vivimos de acuerdo con lo que creemos. La mayoría de las personas tienen un conjunto de valores y creencias que serían muy buenas para el bien común si realmente pusieran en práctica lo que dicen. Pero normalmente estamos tan ocupados que permitimos que el cansancio y el agotamiento se apoderen de nuestras vidas. Esto inevitablemente conduce a la traición del yo en mayor o menor medida. Mantener el carácter requiere una vigilancia constante y una gran fortaleza, y es imposible que lo llevemos a cabo si dejamos que la fatiga y el estrés se apoderen de nosotros.

Lo que creemos afecta a todo: cómo vivimos, cómo trabajamos, cómo nos sentimos respecto a nosotros mismos y cómo nos sentimos respecto a los demás. En algunos aspectos es imposible ocultar nuestras creencias. Tu vida es una lectura de lo que crees. Tarde o temprano, toda realidad interna busca su expresión en el exterior. Pasar tiempo con tu familia es una expresión externa de la creencia interna de que eso es importante. Ser agresivo y grosero con las personas es una expresión externa de tu creencia de que las personas valen menos que tú, o miedo de que sea justo al contrario.

Resumiendo, la experiencia me lleva a creer que las personas son intrínsecamente buenas, que prefieren vivir felices con sus congéneres a hacerlo con sus conflictos, y que cuando su supervivencia no corre peligro, harán todo lo posible por ayudar a los demás. Si pusiéramos en práctica las cosas buenas en las que creemos, el mundo sería notablemente distinto, un lugar sorprendente para que vivieran y evolucionaran nuestros hijos y nietos. Las personas que se encuentran en el otro lado del conflicto se parecen más a ti y a mí de lo que piensas. Sus corazones están llenos de esperanzas y sueños como el tuyo y el mío, la vida les ha hecho sufrir como a ti y como a mí, y buscan un mañana más feliz igual que nosotros.

La quinta lección para una felicidad duradera es:

VIVE SEGÚN TUS CREENCIAS

Siempre hemos de tomar decisiones, cientos de ellas al día. Es imposible recopilar y analizar toda la información y recoger las opiniones de todos los expertos para cada decisión. Cuanto más complejas se vuelven nuestras vidas, más necesitamos acceder a esa cálida voz interior.

En un mundo que cambia constantemente y con mucha rapidez, la pregunta que hemos de plantearnos es: ¿qué hay en mi vida que no cambia? Porque es justamente lo que no cambia lo que da sentido al cambio. Es lo inmutable lo que nos permite medrar en medio del cambio. Reflexiona un momento en la vida de Estados Unidos como nación. ¿Qué ha permitido a esta nación medrar en medio de periodos de cambios rápidos? La Constitución. Sí, siempre ha habido enmiendas, pero la esencia de la Constitución permanece idéntica. Es ese aspecto inmutable el que hace que el cambio tenga sentido. Cuando Estados Unidos se enfrenta a una oportunidad o a una crisis, busca su guía en la Constitución. En situaciones de cambio e incertidumbre, las únicas fuentes de navegación fiables son las que permanecen constantes e inmutables. La Constitución es la estrella Polar en el cielo de Estados Unidos.

Nuestras creencias esenciales desempeñan una función muy similar en nuestras vidas. Nos guían en momentos de incertidumbre y confusión. Nos permiten medrar en medio de cambios constantes en nuestro hogar, trabajo, centro de estudios, relaciones y sociedad. Por eso es tan importante que dediquemos un tiempo a asistir regularmente al aula del silencio, y a reflexionar sobre los temas más importantes y en los que creemos. Sólo entonces podremos seguir el consejo de la voz del auténtico yo que siempre nos está susurrando desde dentro... y sólo entonces podremos establecer la unidad de la vida que proporciona integridad, paz interior y felicidad duradera.

Una cosa es no creer en algo, otra completamente diferente y debilitadora es creer y no vivir de acuerdo con tus creencias. Por anticuado que le pueda parecer a la gente, hay mucho malestar y enfermedad en nuestras vidas que se podría solucionar rápidamente siendo más conscientes. Vamos a empezar a vivir todas las cosas en las que creemos.

Aplica tu quinta lección para una felicidad duradera:

Vive según tus creencias

Aplicaré la quinta lección para una felicidad duradera en mi vida dando los siguientes pasos:

1. Voy a empezar a vivir todas las cosas buenas en las que creo, siendo consciente de que cuando actúo en contra de mis creencias, invito a la infelicidad a mi vida y a la vida de otros. Si hay algo que sé que no he de hacer, dejaré de hacerlo inmediatamente. Empezaré a acceder regularmente a lo que creo, y dejaré que mis creencias dirijan mis palabras, pensamientos y acciones.

2. Buscaré un equilibrio saludable que me permita estar satisfecho con quien soy actualmente a la vez que hago todo lo posible por mejorar. Haré esto rechazando la perfección genérica que con tanta frecuencia se celebra en nuestra cultura, y me esforzaré para crear integridad en cada momento siendo yo mismo.

3. Reconozco la amistad como un gran don y responsabilidad teniendo muy claro que el principal propósito de toda relación es ayudarnos mutuamente a convertirnos en las-mejores-versiones-de-nosotros-mismos. Buscaré y cuidaré a las amistades que me ayuden a elevarme, que me animen, me reten y me devuelvan a la vida. Y me protegeré de

las relaciones que mermen mi energía y me inciten a que me traicione, distanciándome de ellas si es necesario. Me propongo animar a los demás a vivir todas las cosas buenas en lo que creen y me rodearé de personas que me ayuden a celebrar mi verdadero yo.

4. Cuando esté en conflicto o me sienta dividido, me detendré a reflexionar sobre cómo mis palabras, pensamientos o actos se han desviado de mis creencias. Celebraré estos sentimientos de división y de conflicto interior porque me recuerdan mi deseo de ser íntegro. Conectaré con mi deseo de integridad e intentaré ser más íntegro en todos los aspectos de mi vida.

6

Más allá de la gratificación inmediata

Nuestra cultura suele prescribir la gratificación inmediata como solución para nuestro profundo deseo de felicidad. A causa de ello a menudo caemos en la trampa de creer que seríamos felices si pudiéramos hacer lo que sentimos en un momento dado. El apetito insaciable de gratificación inmediata es el que tiende a alejarnos cada vez más del carácter, la virtud, la integridad, la plenitud y nuestro verdadero yo. Además de esta indómita necesidad de gratificación inmediata tenemos la equivocada noción de que la libertad es el derecho o la capacidad de hacer lo que queremos. Constantemente conozco personas que me dicen que quieren montarse su propio negocio. Cuando les pregunto por qué, espero oír que es porque quieren hacer algo que las apasione, o porque quieren un trabajo que tenga más sentido. Pero la respuesta más común es que no quieren tener un jefe que les diga lo que tienen que hacer. Los alumnos de instituto siempre se quejan de las limitaciones que les ponen los padres y los profesores.

¿Creemos realmente que una vida sin estructura o disciplina nos concederá la felicidad que tanto deseamos? Además, ¿qué éxito crees que vas a tener en tu negocio si sólo has hecho lo que te ha dado la gana y cuando te ha dado la gana? ¿En qué situación económica crees que estarás si compras lo que quieres cuando te apetece? ¿Cuál será tu estado de salud si comes todo lo que te place, cuanto te place y cuando te place? ¿Cómo serán tus relaciones si haces lo que quieres y sólo cuando quieres?

Una vida sin disciplina no conduce a la felicidad, sino a la ruina. Todas las áreas de nuestra vida —físicas, emocionales, intelectuales, espirituales, profesionales y económicas— se beneficiarán de la autodisciplina. ¿Significa eso que no debemos esperar nunca la gratificación instantánea? No. Pero significa que no podemos permitir que ésta guíe nuestras vidas y tome cada decisión. Hemos de trascender la noción de que la disciplina es alguien que nos dice lo que hemos de hacer, y celebrar la autodisciplina que nos libera. ¿Cuánta disciplina se necesita? La respuesta depende de lo feliz que quieras ser y de cuánto quieres que dure.

El mito de la felicidad

Tengo un amigo que está en el negocio de la teletienda y siempre me divierte saber qué anuncios tienen éxito. Parecen concentrarse en cuatro áreas principales: comida y dieta, ejercicio, dinero y relaciones. Todos ellos prometen diferentes tipos de «felicidad», y es increíble la cantidad de personas que compran. Veamos cada una de las cuatro áreas y promesas que hacen, una por una.

El año pasado los estadounidenses se gastaron 300.000 millones de dólares en productos dietéticos. Esto es escandaloso cuando te das cuenta de que esta cifra es superior al producto interior bruto de muchos países. Es todavía más escandaloso cuando sabes que la única dieta que necesitan la mayoría de las personas es un poco de disciplina. Pero ese es el punto. Seamos claros respecto a lo que compramos. No queremos disciplina, queremos que alguien que sale por la tele nos diga que podemos ser felices sin disciplina. Encendemos la tele a cualquier hora del día o de la noche y empezamos a hacer *zapping*. Verás al que te dice que si te tomas esta pastilla tres veces al día, cada día, podrás comer todo lo que te plazca todas las veces que quieras y seguirás siendo una supermodelo.

Si no es el de las pastillas, es la mujer de las esteras, ¿y qué es lo que nos dice?: «¡Sólo estírate!» ¿Qué esfuerzo puede suponer eso? Nos dice que nos estiremos en su estera durante veinte minutos dos veces a la semana. Lo llamaremos Pilates, y te promete que si lo haces, podrás comer lo que te apetezca y seguir siendo una supermodelo.

Luego tenemos al joven de la máquina para hacer ejercicio. Tiene el cuerpo de un dios griego y te asegura que tú también puedes tenerlo si utilizas esa máquina durante veinte minutos tres veces a la semana. Los teléfonos se desbordan y es el anuncio de más éxito de la historia. Pero ¿realmente crees que consiguió ese cuerpo utilizando esa máquina durante veinte minutos tres veces a la semana?

Mira otro par de canales, y verás al charlatán del agente inmobiliario prometiéndote que puedes comprar todas las propiedades que te plazca sin dinero, y que en sesenta días podrás disponer de 20.000 dólares al mes. ¿Has comprado alguna vez una propiedad? ¿Cuánto tiempo cuesta encontrar lo que te interesa, negociar el precio, arreglar los papeles con la entidad financiera, asegurarte de que cumple con todas las normativas, cerrar el trato y demás? ¡Espera un momento! Hay algo escrito en la parte inferior de la pantalla. ¿Qué dice? En unas letras tan pequeñas que te preguntas si no es más que una línea que cruza la pantalla, letras que por cierto, son de color blanco sobre blanco para que el televidente apenas pueda verlas, se dice que eso puede variar según las personas.

Pero quizá lo que realmente te preocupa en este momento es tu relación, así que empiezas a cambiar de canal de nuevo. En una rápida sucesión de imágenes vemos a mujeres en bikini diciéndote que descuelgues el teléfono y que marques un número 900 si te sientes solo, luego un anuncio para un servicio de citas que te promete que encontrarás a alguien perfecto para ti, luego al psicólogo que te promete que este programa te facilitará encontrar a esa persona que te dará todo lo que pides, cuando quieras y sin esperar nada a cambio. ¿No es irracional desear una relación de este tipo?

¿Quiere eso decir que nos lo creemos todo? No lo creo. Creo que es la desesperación. Estamos desesperados por mantener vivo el mito de nuestra cultura. ¿Qué tienen en común todos estos anuncios? ¿Cuál es la mentira común? Todos hacen que lo que anuncian parezca divertido y fácil, y ninguno de ellos habla de la disciplina y del trabajo duro. La mentira común en todos estos programas es que puedes ser feliz sin disciplina. Es el mito que guía a nuestra cultura, y pagaremos lo que haga falta para que no muera, porque la alternativa nos asusta.

El denominador común de todas las dietas con éxito es la disciplina. Sabes qué comidas son buenas para ti y cuáles no lo son. Elige las que te convienen y come con moderación. Estarás más sano y serás más feliz. El denominador común de cualquier plan económico con éxito es la disciplina. Haz un presupuesto, controla los gastos, ahorra e invierte. El denominador común de todas las relaciones con éxito es la disciplina. Se necesita mucha disciplina para ser consciente de las necesidades físicas, emocionales, intelectuales y espirituales de otra persona y poder responder a ellas. El denominador común de hacer ejercicio con éxito es la disciplina. El denominador común de las carreras con éxito es la disciplina. El denominador común de las organizaciones con éxito es la disciplina.

Y un gran factor en esa disciplina es la constancia. La salud, la riqueza, las carreras, las organizaciones, las relaciones, todo ello requiere costancia para medrar de forma duradera.

Nuestras vidas están plagadas de expertos y programas de todo tipo. Somos seres inteligentes. No necesitamos ni la mitad de los expertos o programas que saturan nuestras vidas, pero sí necesitamos disciplina, y ni todos los programas ni todos los expertos pueden suplirla.

No puedes ser feliz sin disciplina. De hecho, si quieres medir tu grado de felicidad en la vida, mide tu grado de disciplina. Tu grado de felicidad estará directamente relacionado con tu grado de disciplina. Ambas están íntimamente interconectadas. Si quieres aumentar el nivel de realización y felicidad en cierta área de tu vida, aumenta tu nivel de disciplina en la misma. Por una parte, si te das cuenta de que la mayor parte del tiempo eres demasiado feliz durante demasiado tiempo, puede que tengas que bajar tu nivel de disciplina. La disciplina y la felicidad están íntimamente vinculadas.

¿Cuánto dura tu fusible?

El autocontrol es el ingrediente que los productos, programas y expertos no nos pueden vender. El autocontrol es un don que nos concedemos a nosotros mismos y es la propia esencia de la disciplina. No nacemos con él, lo adquirimos. Lo adquirimos con la práctica. Centremos nuestra disertación sobre el autocontrol en tres áreas: el talante, los caprichos y los impulsos.

De vez en cuando oímos a alguien que nos dice: «Ah, no le hagas caso, ¡se le han cruzado los cables!» Este comentario suele hacerse para excusar algún tipo de pataleta o arrebato, y se hace como si tener mal talante fuera algún tipo de estado genéticamente inalterable.

¿Por qué unas personas pierden los estribos con cualquier cosa mientras otras parecen tener la paciencia de Job? ¿Nacemos con un fusible de duración predeterminada? Sinceramente, no lo sé. Pero lo que sí sé es que podemos alargar o acortar la duración de nuestro fusible. Podemos elegir si vamos a ser la persona que tiene arrebatos o la que soporta pacientemente las inevitables decepciones de la vida. La gente no tiene mal carácter, tiene un carácter mal adiestrado.

Entre el momento en que algo nos molesta y nuestra reacción, se produce un lapso en que tomamos la decisión. En ese lapso, tanto si somos conscientes como si no, decidimos cómo vamos a reaccionar. Con la práctica podemos aumentar nuestro nivel de conciencia de ese lapso y empezar a prolongarlo conscientemente. De este modo podemos tomar una decisión inteligente respecto a la respuesta apropiada. Podemos usar ese momento para respirar profundamente, o marcharnos de donde estemos para serenarnos.

Tengo siete hermanos, y como puedes imaginar, cuando éramos pequeños de vez en cuando podíamos ser bastante terribles. Cuando nos pasábamos mucho, nuestra madre nos mandaba a todos al cuarto de la lavadora. Eso significaba que nos iban a zurrar, generalmente con una cuchara de madera. Como no cabíamos todos en el cuarto, algunos nos quedábamos fuera sentados. Nadie quería ser el primero, porque todos sabíamos que se cansaría cuando estuviera llegando al final, pero unas veces empezaba por los que estaban dentro del cuarto y otras por los que estaban fuera.

Una vez que nos había enviado al cuarto de la lavadora, nuestra madre se iba a la cocina y se preparaba una taza de café, se sentaba y se la tomaba tranquilamente antes de venir a zurrarnos. Bastantes años después le pregunté por qué solía hacer eso, y me respondió que a veces se enfadaba tanto que no quería pegarnos por rabia, sino por amor.

El autocontrol siempre va acompañado de ser consciente de uno mismo. Cuanto más conscientes somos de nosotros mismos y de la forma en que reaccionamos a ciertos tipos de personas y situaciones, más aumenta nuestra capacidad para controlar nuestra respuesta. En ese lapso entre el acontecimiento y la respuesta es cuando elegimos cómo reaccionar. A la gente con fusibles de corta duración ese momento se le pasa por alto porque sus reacciones temperamentales son cada vez más frecuentes.

El mal carácter es un hábito elegido y que se puede cambiar. La ira es una emoción natural y normal como seres humanos. Creo que a la gente le gusta ese pasaje de la Biblia donde Jesús entra en el templo y vuelca las mesas de los mercaderes. Revela un aspecto muy humano de Jesús con el que las personas se pueden identificar. Hay momentos en que se debe expresar la ira, y además con fuerza. Pero no son muy frecuentes. Al igual que cualquier pasión, para que la ira sea útil se ha de dominar, controlar y dirigir a voluntad.

La tecnología nos ayuda a hacer las cosas con más rapidez, pero nuestros fusibles parecen tener una vida cada vez más corta. Hace ya varios años la conexión a Internet mediante marcación telefónica era algo milagroso. En la actualidad nos parece un dinosaurio. Las comunicaciones son cada vez más rápidas, pero nunca nos parecen lo bastante rápidas. Los envíos de entrega en veinticuatro horas nos parecían una forma rápida de hacer llegar algo a alguna parte, ahora los paquetes se han de entregar antes de las 8 de la mañana del día siguiente. ¿Nada es lo bastante rápido, o es que nuestros fusibles no duran lo suficiente?

¿Has de trabajar en alargar la duración de tus fusibles? La mayoría lo necesita. Vivimos en una cultura de gratificación inmediata. Estamos acostumbrados a conseguir lo que queremos y cuando lo queremos, y cuando las cosas no salen como teníamos previsto, se nos funden los fusibles.

Curiosamente, es bastante fácil predecir qué personas y situaciones nos van a hacer perder la paciencia. Somos conscientes antes de que suceda. Puede que no sepamos cuándo va a suceder, o ni tan siquiera si llegará a suceder, pero somos conscientes de ellas. Esa conciencia es un poderoso don. En el último capítulo hablo de ser consciente y de elegir. Aquí estamos hablando de la misma cosa. Estos son dos de los grandes poderes de la mente y del espíritu humanos.

Darse cuenta de algo es una forma de conciencia, y la elección es nuestra respuesta a ciertos acontecimientos. Todos hemos conocido personas que son totalmente inconscientes de cómo sus modales afectan a otras personas. Esto podemos verlo en alcohólicos y otros tipos de adictos. La naturaleza de su adicción los centra sólo en ellos mismos, hace que sólo se preocupen de ellos, y erróneamente los sitúa en el centro del universo. No pueden entender por qué las personas que los rodean no están más alegres. Con frecuencia tienen arranques de mal genio. Cuanto más beben, menos conciencia tienen de quiénes son, de lo que están haciendo y de cómo afecta su conducta a los demás. Cuanto más decrece su conciencia, menos dura su fusible. Suelen gritar, insultar, discutir, y a veces llegan hasta la violencia. Este es un ejemplo extremo, pero otro más común es el de las personas que hablan como cotorras sin importarles si el receptor está interesado o no en su conversación. Esta es otra forma de falta de conciencia.

¿Cuánto te dura el fusible? Alguna vez puede que te pregunten: «¿Estás enfadado?» Lo cierto es que todos nos enfadamos.

Las verdaderas preguntas son: ¿eres capaz de controlar tu enfado? ¿Estás controlando tu enfado, o te está controlando él a ti?

Todas las personas tenemos nuestro temperamento. Se podría argüir que el temperamento es el resultado de la combinación de naturaleza y educación, pero se sabe que el temperamento de una persona se puede cambiar con esfuerzo. Un hombre impaciente puede llegar a ser paciente practicando la paciencia. Una mujer con poco aguante y un temperamento indómito puede llegar a ser una persona con mucho aguante y una gran capacidad para soportar circunstancias desfavorables. Una persona avara y codiciosa puede llegar a ser generosa, etcétera. Nuestros temperamentos no son innatos, se pueden cambiar conscientemente por elección propia.

El temperamento es nuestra postura antes de cualquier elección. Es tu línea de fondo. Es tu punto de partida. ¿Es impredecible y feroz? ¿Es calmado y tranquilo? ¿Es egoísta e insensato? ¿Es generoso y amable? Sea como fuere, sea cual sea tu punto de partida, es lo que es porque has practicado las cualidades para que sea así. La buena noticia es que puedes corregirlo.

De adolescente yo tenía muy mal carácter. En el campo de fútbol siempre me metía con el árbitro preguntando a gritos si le había tocado el título en la lotería. Recuerdo que un día mi padre tuvo una conversación conmigo cuando volvía de un partido, me dijo que yo llevaba su nombre al igual que mis otros seis hermanos, y que mis acciones no eran propias del nombre que llevaba y que los afectaban negativamente a todos. A veces era incluso peor en el campo de golf. Me lo tomaba muy en serio y perdía los estribos por cualquier cosa, costumbre que afectaba a mi juego más que ninguna otra cosa. Golpeaba el suelo con los palos, los tiraba, e incluso, a veces, hasta los rompía. Cuando ahora recuerdo aquellos tiempos me pregunto dónde está aquella persona.

Al final de mi adolescencia tuve algunos tutores y mentores extraordinarios que me enseñaron lo que era el carácter y el poder de la virtud en nuestra vida. Concretamente, un instructor de golf me dijo que jamás sería un buen golfista si no aprendía a controlar mi temperamento, y que si no daba muestras inmediatamente de mejora, no seguiría entrenándome. Luego me dio una serie de ejercicios para ayudarme a aumentar mi paciencia y la duración de mi fusible: ejercicios de respiración que ahora me parecen bastante sencillos y rudimentarios, pero nadie me había enseñado nada parecido. Pero el que más me impactó fue el ejercicio en el que sencillamente tenía que sentarme quieto. Cada día tenía que sentarme quieto en una silla durante treinta minutos, completamente quieto, sin moverme más que para respirar. Si me picaba la pierna, no podía moverme. «No te matará», me decía. El picor aumentaba, y al cabo de un rato desaparecía. El espíritu empezaba a elevarse por encima del cuerpo. Estaba desarrollando mi fuerza mental y de corazón, aumentando mi autocontrol. Mi fusible duraba más, y sin duda alguna me ayudó a ser mejor golfista.

La pregunta no es: «¿Qué temperamento tienes?», sino: «¿Cómo te gustaría que fuera tu temperamento?» En *The Rhythm of Life,* hablaba de aprender a caminar como si fueras una persona que no tiene ninguna preocupación en el mundo. Me gustaría parecerme cada vez más a esa persona que camina, piensa y actúa tranquilamente, incluso bajo presión. Especialmente bajo presión.

El tirano moderno

El autocontrol es el pilar de la disciplina y el requisito previo para el carácter, la integridad, la felicidad, y, como descubriremos más adelante en este capítulo, para el amor y las relaciones dinámicas.

La primera área del autocontrol tiene que ver con el humor y el temperamento. Éstos están muy relacionados con el control de la mente. La segunda área del autocontrol tiene que ver con nuestros apetitos y el cuerpo.

El ser humano es un delicado compuesto de cuerpo y alma que están finamente vinculados mediante la voluntad y el intelecto. La mayor parte del reino animal vive directamente impulsado por los instintos y los reflejos condicionados. Como seres humanos, tenemos conciencia y posibilidad de elección de un modo que no pueden hacerlo los animales, y eso es lo que nos diferencia de ellos. Pero también tenemos instintos, y para bien o para mal, podemos tener respuestas condicionadas, aunque puesto que poseemos las facultades superiores de la voluntad y del intelecto, podemos elegir a qué respuestas queremos condicionarnos. Además, somos conscientes de qué respuestas son buenas para nosotros y cuáles destructivas. En ningún otro aspecto se evidencia más que en nuestra habilidad para controlar nuestros apetitos físicos.

El cuerpo es sorprendente y maravilloso, pero si lo dejamos en manos de sus instintos y recursos, tenderá hacia la autodestrucción porque caerá en un millón de excesos y en una lujuria desenfrenada. Esa es la razón por la que tenemos voluntad, intelecto y la capacidad para elegir, a fin de que podamos dirigir nuestro cuerpo hacia lo que es bueno para él. Pero no es exactamente así como funciona en nuestra vida práctica de todos los días, ¿no es cierto? ¿Por qué? Porque el cuerpo tiene su voz. El cuerpo nos habla, nos grita, tiene sus pataletas internas, y hace una lista interminable de peticiones y exigencias. Todos podemos desoír esta voz, pero demasiadas veces hacemos justamente lo que nos dicta.

Lo primero que te dice el cuerpo cuando te levantas por la mañana es: «Todavía estoy cansado». Así que tocas el botón para desconectar la alarma del despertador y te vuelves a dormir. A los siete minutos el cuerpo te dice: «Todavía estoy cansado», y vuelves a apretar el botón para apagar la alarma.

Cuando por fin te decides a salir de la cama, el cuerpo te dice: «Tengo hambre», y le das de comer. Luego te dice: «Tengo sed», y le das de beber. Ahora te dice: «Me noto un poco pegajoso», y lo duchas. Después te dice: «Demasiado fría». Luego: «Demasiado caliente». Luego, «Quedémonos cinco minutitos más». Cuando sales de la ducha, te dice: «Estoy mojado», y lo secas. Luego: «Tengo frío y estoy desnudo», y lo vistes.

Demasiadas veces haces lo que te dice el cuerpo. El cuerpo dice: «Si hemos de soportar todo este día, voy a necesitar una maravillosa taza de veneno negro». Bajas las escaleras y te haces tu café bien fuerte y caliente. El cuerpo toma un sorbo y dice: «Mmmmm..., ya estamos listos para la vida».

Cuando llegas a tu trabajo, te dice: «No tengo ganas de trabajar. Quizá podríamos salir a dar una vuelta y saludar a todo el mundo». Así que te vas a dar una vuelta por la oficina para ponerte al día de los últimos cotilleos y de la política. Pasas por delante de la sala de descanso. ¿Y qué hay en ella? Nada menos que 56 variedades de donuts. Piensas «Podría comerme uno», pero el cuerpo dice: «No, no lo vas a hacer. Nos vamos a comer cuatro». Así que coges un puñado de donuts y te los llevas a tu mesa. El cuerpo dice: «Y para acompañar, tráeme más veneno negro».

Te bebes el café y te comes los donuts, y antes de que te hayas dado cuenta ya es mediodía. El cuerpo grita: «¡Hora de comer!»

Le explicas que no tienes hambre porque has estado picando toda la mañana, pero te responde: «No me importa si no tienes hambre. Es la hora de comer. Vamos a comer ahora».

Vas a comer, solo o acompañado, y comes más de lo que habrías comido si no hubieras comido en un mes. Cuando regresas al trabajo, el cuerpo te dice: «¡Coma alimentario! ¡Coma alimentario!» Te sientas en tu mesa, mueves unos cuantos papeles, aturdido, durante unos minutos, y el cuerpo te dice: «No vamos a hacer nada esta tarde, más vale que te lo tomes con calma. Quizá podríamos quedarnos aquí sentados y navegar por Internet haciendo ver que trabajamos». Entonces, de pronto, el cuerpo tiene una idea: «Tráeme algo más para picar y más veneno negro».

«Estás en coma alimentario. ¿Para qué quieres más comida?», le preguntas molesto.

Él te responde: «Bueno, no me puedo dormir mientras como ¿verdad?» Vas a buscar algo más para comer y más café, y esto se repite durante toda la tarde. A eso de las tres, el cuerpo te pide más veneno negro, pero ahora frío... Y cualquier tipo de refresco de los que tienes en el trabajo.

Antes de que te hayas dado cuenta, ya ha llegado la hora de salir. El cuerpo te exige: «Tráeme algo para picar en el viaje de vuelta a casa».

Tú le respondes: «Vamos a casa para cenar».

El cuerpo insiste: «Podríamos quedarnos parados en un atasco de tráfico. Podríamos morir de hambre en ese embotellamiento». Así que vas a buscar más comida para el regreso a casa, y cuando llegas, todavía no es la hora de cenar. Entonces, te tumbas en tu sillón reclinable delante de la caja de 127 pulgadas para idiotas con una bolsa de patatas fritas, para relajarte antes de cenar.

Cuando el cuerpo grita: «¡Es la hora de cenar!», no tienes hambre, pero llevas doce horas discutiendo con tu cuerpo. Así que te vas a cenar y el cuerpo dice: «Comeremos esto y aquello, y un poco de esto y de esotro, y un poco más de aquello...» Comes más de lo que habrías comido si no hubieras comido en un mes.

Entonces la señal de alerta de coma alimentario empieza a encenderse de nuevo y el cuerpo dice: «Volvamos al sillón para relajarnos». Al cabo de media hora, el cuerpo dice: «Quiero más veneno negro, pero ahora mejor que lo tomemos descafeinado porque es tarde y me quiero ir pronto a la cama. Y mientras lo preparas, tráeme un gran cuenco de helado de chocolate».

Te tomas el descafeinado y el helado de chocolate, el cuerpo lo devora y luego dice: «Vamos a la cama. Estoy agotado». Arrastras el cuerpo hasta la cama, y a la mañana siguiente te levantas para seguir la misma rutina desde el amanecer hasta el anochecer.

El cuerpo tiene voz por una razón: para alertarnos del hambre, de la sed, del calor, del frío y del peligro. Pero cuando somos demasiado condescendientes con él, esta voz se convierte en la voz del capricho en lugar de ser la voz de la necesidad.

El cuerpo es como el dinero: un amo terrible pero un gran sirviente. Tanto aquí en Estados Unidos como en mi país natal Australia, generalmente nos consideramos libres. Nos engañamos. No somos libres. La mayor parte de las personas no pueden pasar ni un solo día sin tomar café, y sin embargo creen que son libres. Hemos de despertar. No necesitamos que venga nadie de la otra punta del globo para esclavizarnos. Lo hacemos nosotros solitos. El gran dictador del siglo XXI no será como Stalin o Hitler. Las mayores amenazas no son externas. El gran dictador de este siglo es el cuerpo. Hacemos todo lo que nos dice y siempre que nos lo dice. Cada día que pasa disminuye la capacidad de las personas para controlar sus caprichos, y esto supone una grave amenaza para nuestra salud y felicidad como personas y como sociedad.

Pero repito, la buena noticia es que con el tiempo podemos desarrollar la capacidad de controlar nuestros caprichos. Los caprichos del cuerpo no están predeterminados ni son incambiables. Todos tenemos preferencias y hábitos, pero se pueden cambiar. Aprender a controlar nuestros apetitos a voluntad es un gran aspecto de disciplina personal y de autocontrol

El autodominio es la única alternativa para la esclavitud del yo. Puede que no estemos detrás de unos barrotes de hierro, pero a menos que controlemos y dirijamos nuestros apetitos, los barrotes invisibles que nos tienen presos nos harán más daño. En mis visitas a las prisiones de todo el mundo durante el pasado decenio, he conocido a hombres y mujeres que tienen más autocontrol y libertad personal que la mayoría de las personas que pueden caminar libremente por las calles.

El poder del impulso

Del temperamento y los apetitos vamos ahora a pasar al tercer aspecto de la disciplina, el de controlar nuestros impulsos. Los impulsos se pueden relacionar con muchos aspectos de nuestra experiencia cotidiana, pero para variar nos centraremos en el económico.

Tengo una amiga a la que para mantener su anonimato llamaré Julia. Tiene 28 años, es soltera y con talento. Tiene un buen empleo y trabaja mucho, generalmente le gusta lo que hace y no tiene un mal sueldo. Aunque no gana una fortuna, sí es cierto que hay muchas familias que tienen que pasar con lo que ella gana. Algunas de sus amistades ganan más que ella y otras menos.

Su problema es que le encanta ir de compras, y cada semana consigue una nueva tarjeta de crédito que le ofrecen por correo. Le encanta comprar en tiendas, *on line*, y por catálogo. Algunas de sus amigas le dicen que tiene un problema de autoestima que la impulsa a comprar compulsivamente. Otras le dicen que es normal comprar como lo hace.

Una vez al año va donde un asesor financiero, y cada año tienen la misma conversación sobre este punto: «Has de empezar a ahorrar». Cada año diseñan un presupuesto teniendo en cuenta su aumento salarial anual, pero por alguna razón Julia es incapaz de ahorrar. No tiene deudas... bueno, casi no tiene deudas. Un poco en una tarjeta y otro poco en otra. Pero tampoco tiene ahorros ni propiedades.

Casi a mediados de cada año ya se ha desviado por completo de su presupuesto y le da vergüenza ir a ver de nuevo a su asesor financiero. Julia me dice que no quiere ser rica, sólo disfrutar de una situación cómoda. Entonces la llevo a través de algunos escenarios habituales. ¿Qué sucedería si mañana perdieras tu trabajo y tardaras tres meses en encontrar otro? ¿Podrías resistir bien? Ella me mira, pero sabe que lo que le estoy diciendo no es tan descabellado, y eso sin haber entrado en toda la lista de posibilidades más serias.

Luego hablamos de que los zapatos y los vestidos no son inversiones o propiedades. Le vuelvo a explicar que una buena inversión es algo que se revaloriza. Con sus compras no está generando ningún ingreso. «Pero cuando compro zapatos siempre me digo que son una buena inversión, porque si me compro zapatos baratos se rompen y he de comprarme más», me explica. Me pregunto cuántos pares de zapatos se habría comprado si los comprara «baratos», pero cuando llegamos a este punto ya no está con ganas de bromas. Le explico que puede que sean una buena compra, pero que una buena compra no es lo mismo que una inversión. Luego le continúo explicando que las buenas compras se han de realizar dentro de los límites de tu presupuesto y que en algunos momentos, ahorrar es mejor que comprar por muy buena que pueda parecernos la oportunidad.

Llega un punto en nuestra conversación en que Julia suele empezar a quejarse de los aspectos de su trabajo que no le gustan, o a hablar de que no quiere seguir haciendo siempre lo mismo, o me explica que su jefe la saca de quicio y que le gustaría montarse su propio negocio. Todo esto suele ser un intento subconsciente de alejarse de una realidad no tan feliz y soñar con un futuro más rico y abundante. Pero vuelve directamente a la conversación sobre su economía con la pregunta:

—¿Crees que podría pedir algún préstamo para empezar un negocio?

—Ya tienes tu negocio —le respondo.

—¿Qué quieres decir? —me pregunta.

Le explico que tiene el cien por cien de las acciones de una empresa que se llama Julia Miles, Inc. El año pasado Julia Miles, Inc., gastó más de lo que ingresó. El año anterior sucedió lo mismo, y así todos los años retrospectivamente. Cada año su negocio pierde dinero, gasta más de lo que gana. Puede que sólo se trate de un par de cientos de dólares en alguna tarjeta de crédito de las más importantes, pero cada año opera con pérdidas. Julia Miles no ha cerrado ni un solo año con beneficios desde que se graduó en la universidad. Económicamente, no tiene nada que demuestre sus seis años de trabajo.

—¡Ya sé que he de empezar a ahorrar! —me dice exasperada.

—¿Por qué no puedes ahorrar? —le pregunto.

—Veo cosas que me gustan y quiero tenerlas.

Julia no puede controlar su impulso de comprar. Todos tenemos impulsos, y para algunos el de gastar dinero es tan fuerte como el de drogarse. Otras personas no pueden resistirse al juego y al alcohol, al sexo y a la pornografía, a buscar el peligro y la aventura, y todas estas cosas pueden ser muy destructivas. Pero los impulsos, al igual que el mal humor y los apetitos, se pueden controlar y dirigir para nuestro propio bien y el de los demás.

El verdadero peligro es que los impulsos y los apetitos se asocien y se transformen rápidamente en compulsiones. Con nuestras rabietas, apetitos e impulsos desbocados, ahora vivimos en una comunidad de adictos. La mayoría nos decimos que no tenemos ninguna adicción seria. Para nosotros puede que «sólo» se trate de tabaco, chocolate, refrescos *light* o café. Alguna vez nos preguntamos si somos adictos a estas cosas, pero generalmente no nos faltan excusas, y si es así, siempre hay algún «amigo» que nos da una palmadita en la espalda y nos dice que le damos demasiadas vueltas a las cosas.

El gran monje y místico español san Juan de la Cruz, escribió: «Un pájaro atado, tanto si es con un hilo como con una cadena, no puede volar». ¿Qué te está atando a ti? ¿Qué te impide volar en la vida?

La senda del autodominio

Hay pocas cosas de las que estoy totalmente seguro, y con los años la lista se ha hecho cada vez más corta. Pero una de las cosas de las que estoy absolutamente convencido es de que nuestro nivel de disciplina y de autocontrol influye significativamente en el grado de felicidad que experimentamos en esta vida. El dominio del yo y la felicidad están íntimamente conectados.

Muchas personas han escrito sobre técnicas para conseguir el autodominio, y en este capítulo he mencionado algunas de paso. Los escritores y oradores suelen centrarse en técnicas que están relacionadas con sus áreas profesionales. Pero, ¿existe alguna forma de fomentar el autocontrol que pueda influir de una forma positiva y potente en todas las áreas de nuestra vida?

Quiero centrarme en una antigua técnica que propicia este autodominio universal y a la que actualmente no se le concede mucha importancia. Se la ha despreciado y se la ha considerado impopular, en primer lugar porque esta técnica se enseña fácilmente y no se puede vender como parte de un lote, y en segundo, porque suele darnos vergüenza no elegir lo que más necesitamos, y preferimos programas que parezcan más fáciles y divertidos. Pero esta antigua técnica nos conduce a la esencia de nuestra lucha para recobrar el dominio de nosotros mismos.

Gran parte de nuestra lucha por la disciplina y el autocontrol se basa en controlar nuestros caprichos e impulsos, y en muchos aspectos nuestros caracteres indisciplinados son un producto de nuestra incapacidad para controlarlos. Todo esto surge de nuestra obsesión por el cuerpo, de situar el placer en el centro de nuestro sistema de valores, y de una tendencia a restarle importancia al carácter en nuestra búsqueda de la felicidad. El resultado es que nos identificamos en exceso con la experiencia física.

Una de las grandes prácticas que durante miles de años han fomentado muchas tradiciones espirituales es el ayuno.

No estoy sugiriendo que ayunemos del todo. De hecho, ni tan siquiera estoy sugiriendo la dieta estricta de pan y agua de muchas tradiciones. Lo que estoy diciendo es que nos abstengamos de pequeñas cosas para ir recobrando el autodominio que nos hace libres y podamos controlar de nuevo nuestro temperamento, apetitos e impulsos.

Para un monje budista ayunar forma parte de su búsqueda de la iluminación. Durante miles de años, los judíos lo han practicado para la expiación de sus pecados contra Dios y contra sus vecinos. También los cristianos lo han practicado durante muchos siglos como expiación por los pecados. Los cristianos también creen que a través del ayuno pueden corregir los efectos de sus conductas autodestructivas del pasado, que han debilitado su capacidad para elegir lo que es bueno, auténtico y correcto. Hay cientos de ejemplos sobre cómo se ha utilizado el ayuno a lo largo de la historia. En la actualidad, el ayuno se suele utilizar como arma político-espiritual, nunca con una mayor repercusión que cuando Gandhi ayunaba para conseguir que las facciones contrarias se unieran para hacer realidad su sueño de una nación india unida y gobernada por ellos. También hay una serie de programas que en pro del bienestar y la salud incluyen el ayuno como parte de su programa de desintoxicación.

El ayuno se ha utilizado para liberar a hombres y mujeres de sus pecados y cargas, de sus apetitos, impulsos y temperamentos caprichosos. Aquí lo que nos importa es de qué modo esta poderosa y antigua práctica espiritual puede servirte en tu afán por lograr el autocontrol y liberarte de los hábitos del cuerpo y de la mente que evitan que seas tú mismo.

No olvidemos que el estado más noble de la condición humana es la libertad, no la libertad de oponerse a los pensamientos políticos, religiosos o a ideas, sino la libertad de hacer lo que es bueno y correcto en las múltiples y variadas situaciones a las que nos hemos de enfrentar todos los días. Nuestros corazones nunca dejan de anhelar esta libertad. Una mujer que se está muriendo de cáncer de pulmón y no puede resistir a la tentación de fumar no es libre. Un hombre que tiene diabetes y no puede evitar comerse un caramelo no es libre. Una persona que ha empezado y dejado varias veces un tratamiento para el alcoholismo y no puede dejar de beber no es libre. Estos son casos extremos para ilustrar este punto, pero la mayoría nos enfrentamos a expresiones más sutiles de este tipo de esclavitud. Quizá te has propuesto adelgazar, pero no puedes dejar de comer entre horas, incluso cuando no tienes hambre. Quizá realmente no necesites nada, pero no puedes dejar de comprar.

Recuerda que un pájaro atado, tanto si es con un hilo como con una cadena, no puede volar de ningún modo. ¿Qué domina tu vida? ¿De qué te has de liberar?

¿Qué quiero decir con ayuno y de qué modo puede ayudarnos?

No estoy sugiriendo un ayuno de pan y agua durante cuarenta días como practicaban anualmente muchos místicos de la antigüedad. Pero voy a darte un par de ejemplos de la aplicación moderna del ayuno.

En algún momento del próximo sábado por la tarde, estás dando vueltas por casa y tu cuerpo te dice: «Tengo sed». Te vas a la nevera. De camino hacia la cocina, tu cuerpo empieza a gritar sus exigencias. «¿Qué te parece un refresco? ¡Quiero un refresco!» Vas a la nevera, abres la puerta y las peticiones, sugerencias y exigencias de tu cuerpo se intensifican. «¡Quiero un refresco! ¿Hay algún refresco por aquí? ¡Mira bien! ¡Tiene que haber algún refresco! Mira al fondo. Hay un refresco. Cógelo. De prisa. Tengo sed. Quiero un refresco. Dame ese refresco ¡Refresco! ¡Refresco! ¡Refresco!» Así es como nos habla nuestro cuerpo. Insiste y exige.

Lo único que has de hacer es decirle: «¡Hoy no hay refresco! Puedes tomarte un zumo de arándanos rojos o un vaso de agua, pero no un refresco». Con esa sencilla acción mental y espiritual afirmas tu control sobre tu cuerpo. Tomándote un zumo de arándanos o agua cuando lo que realmente te pide es un refresco, te liberas de algún modo de la esclavitud de tu cuerpo. No te va a matar, y nadie sabrá lo que ha sucedido, pero habrás tomado una decisión para convertirte en la-mejor-versión-de-ti-mismo, y te sentirás liberado.

La semana siguiente irás de compras y verás algo que realmente te gusta. Lo cogerás y lo mirarás. Te lo pruebas o imaginas dónde podrías ponerlo en tu casa. Tu compulsión se despierta: «¡Cómpralo! ¡Cómpralo! ¡Cómpralo!» Empiezas a dirigirte hacia la caja registradora, pero te detienes un momento. Este es el momento entre el acontecimiento y la respuesta. En el pasado, lo veías y lo comprabas, pero ahora te preguntas: «¿Realmente necesito esto?» Sabes bien que no, y ese momento de ser consciente y de reflexión te da mucha claridad. Lo vuelves a dejar en el estante y te marchas y cuando lo haces te sientes libre como un pájaro. Es tan liberador que hasta puedes sentirlo físicamente.

Ayunar no implica privarse de la comida. Puedes ayunar de comprar, de criticar, de quejarte, de retrasar las cosas. Puedes ayunar de cualquier cosa que te esclavice, de tu temperamento, tus apetitos o impulsos. Pero el ayuno respecto a la comida es especialmente potente en una era en que nos centramos tanto en comer y en beber.

Cada vez que me siento a comer procuro negarme alguna cosa. Si estoy en un restaurante y leo la carta, tal vez empiezo a desear un filete *mignon*, entonces pido pollo. No me voy a morir. Sólo es comida, combustible para el cuerpo, pero a veces nos olvidamos de eso y montamos un gran escándalo. Quizá realmente me apetece un zumo de arándanos, pero tomo agua en su lugar. Estos pequeños actos, sencillos y casi imperceptibles, son los que le recuerdan al cuerpo que está para servirme a mí, no a la inversa. No hago estas cosas por tacañería ni para castigarme. Las hago porque quiero ser libre. Quiero tener control sobre mí. Quiero poder controlar mi carácter, mis caprichos y mis impulsos. Todos estos pequeños actos de negación expanden ese momento entre el acontecimiento y la respuesta. Esta es otra forma de alargar mi fusible.

De esta forma y de muchas otras la antigua práctica del ayuno tiene una gran importancia en nuestra vida moderna. Sus beneficios van desde mejorar nuestro temperamento hasta crear relaciones dinámicas y duraderas. Este último tema siempre parece despertar una curiosidad natural en mi público. ¿Cómo puede el ayuno ayudarnos a crear relaciones dinámicas y duraderas?

Dos personas con fusibles de larga duración siempre tendrán una mejor relación que dos personas con fusibles de corta duración. Dos personas con temperamentos controlados y bien dirigidos siempre tendrán una mejor relación que dos personas con temperamentos desenfrenados. Dos personas que controlan sus caprichos siempre tendrán mejor relación que dos personas que no pueden controlarlos. Y dos personas que pueden dominar sus impulsos siempre tendrán mejor relación que dos que son esclavas de los mismos.

Pero el punto más convincente para una vida de disciplina, carácter, virtud, integridad y autocontrol es éste: en la medida en que poseas estas cualidades amarás y serás amado, pues amar es como si tomaras a tu yo entre las manos y se lo entregaras a otra persona. Pero para entregarte de este modo, primero has de ser dueño de ti.

La mayor parte de las personas hacen promesas en sus relaciones que no pueden cumplir. Prometen entregarse de formas en las que simplemente no son capaces de hacerlo, porque no son dueñas de ellas mismas. No tienen autodominio, y por lo tanto no son libres. Para amar, hemos de ser libres. Sólo en la medida en que seamos capaces de alejarnos de la esclavitud del temperamento, los caprichos y los impulsos podremos amar y ser amados. Esta es la razón por la que existe esta pobreza de relaciones amorosas y dinámicas en nuestra cultura, porque para los adictos a la gratificación instantánea, una relación duradera es un sueño imposible.

Me gustan las cosas bonitas, la buena comida y vivir espontáneamente como a todo el mundo. No te estoy proponiendo que abandones todos los placeres de este mundo, sólo que moderes tu visión respecto a los mismos para que puedas saborearlos mejor cuando los disfrutes. Ha llegado el momento de que intentemos liberarnos de los tiranos interiores que nos esclavizan, que impiden que volemos y seamos libres.

La sexta lección
para una felicidad duradera es:

PRACTICA LA DISCIPLINA

La disciplina nos libera. No nos ahoga. Nos libera.
La disciplina es una contracción que produce una expansión.

Aplica tu sexta lección para una felicidad duradera:

Practica la disciplina

Aplicaré la sexta lección para una felicidad duradera en mi vida dando los pasos siguientes:

1. Celebraré mi capacidad de controlar mi temperamento alargando conscientemente el momento que existe entre el acontecimiento y mi reacción al mismo. Cuando las cosas no salgan como a mí me hubiera gustado, respiraré profundamente, me recordaré que en el gran esquema de la historia de la humanidad esto es un momento más, me alejaré de esa situación para recobrar la calma si es necesario. Si una situación realmente requiere que desate mi temperamento, será una elección consciente y lo haré de una manera controlada. Me convertiré en el amo de mi temperamento.

2. Empezaré a controlar y a dirigir mis apetitos. No permitiré convertirme en un mero animal gobernado por los instintos y las respuestas condicionadas. Celebraré mi capacidad para elegir a qué estímulos responder. Dirigiré mis apetitos hacia aquellas cosas que son buenas para mí y que realmente me ayudarán a mejorar. Evitaré ingerir ninguna sustancia tóxica o nociva para mi cuerpo. A partir de hoy mismo, respetaré mi cuerpo como el gran templo que es. Seré el amo de mis antojos.

3. Controlaré mis impulsos. Reconoceré que mis impulsos no siempre me conducen a la-mejor-versión-de-mí-mismo, desarrollaré una saludable desconfianza de los mismos y empezaré a someterlos a la razón. Tanto si el impulso es comprar, comer, retrasar, como aceptar asistir a algún evento, me detendré antes de actuar por impulso. Seré el dueño de mis impulsos.

4. Reconozco que es imposible lograr la perfección si no soy libre. Practicaré la antigua disciplina del ayuno, no para castigarme, sino para liberarme. Empezaré a negarme pequeñas cosas durante el día, ayunaré de ciertos tipos de comida, actividades y conductas. De este modo, y con el tiempo, conseguiré un dominio absoluto sobre mí mismo. Unos días me abstendré de comer chocolate, de tomar refrescos, café o de comer carne. Otros me abstendré de criticar o de tener pereza. Pondré en práctica el poder del ayuno y de negarme algunas cosas para liberarme de la esclavitud de mi temperamento, antojos e impulsos. De este modo, seré libre para convertirme en mi yo más auténtico.

5. De vez en cuando me permitiré algunos caprichos, pero sólo de formas que no comprometan mis creencias y que no me perjudiquen a mí o a los demás. En estas ocasiones ejercitaré mi capacidad de controlar mis antojos e impulsos, dándoles lo que quieren en vez de negárselo. Todas las veces que lo haga, lo haré de modo que no comprometa mi autodominio. Con el tiempo aprenderé a ver la indulgencia y la negación como actos que apoyan a esa disciplina que me proporcionará una felicidad duradera.

7

Descárgate

A veces me gusta mirar hacia atrás y volver a leer los libros que leía cuando era pequeño. Normalmente tengo recuerdos bastante claros del efecto que me produjeron cuando los leí por primera vez, y nunca deja de sorprenderme lo alejados que están de los temas principales de mis libros. Hace un par de semanas leí *Charlotte's Web* [*Las telarañas de Carlota*], de E. B. White. El mensaje que me transmitió fue una verdad evidente que tendemos a pasar por alto en nuestra vida cotidiana y que se resume en una frase: «No hay límite para lo que se pueden complicar las cosas dado que una cosa siempre conduce a otra».

El desorden, la saturación y la confusión se han convertido en algo habitual en nuestra vida, pero no es necesario que sea de ese modo. Hemos elegido y creado el desorden y la saturación. Por mucho que nos cueste al principio acomodar nuestra mente, creando desorden y saturación hemos creado la confusión en nuestros corazones, mentes y vidas. Es una verdad dura pero liberadora. Supongo que toda verdad lo es. Pero una vez que nos damos cuenta de que hemos elegido y creado el desorden, la saturación y la confusión en nuestras vidas, somos libres para elegir liberarnos de ellos. Admitir que hemos tenido algo que ver en crear una situación nos libera de ser víctimas y nos confiere el poder de volver a crearla.

No somos víctimas de todo este desorden, saturación y confusión. Hemos elegido estas cosas y ha llegado el momento de elegir algo nuevo. Ha llegado el momento de recrear.

Escucha mientras te susurro al oído las tres palabras más poderosas de la historia. Los grandes artistas y científicos conocían el poder de estas palabras. Deja que impregnen cada poro de tu ser y cada aspecto de tu vida, y vivirás una vida tan auténtica que rara vez habrás sido testigo de ello.

Simplifica. Simplifica. Simplifica.

¿En qué partes de tu vida hay confusión, saturación y desorden? La simplicidad es la vía hacia la claridad.

Unas personas arguyen que trabajan mejor en el caos y la confusión, o que se sienten más a gusto en un entorno desordenado. No me cabe duda de que sea cierto para algunas. Pero, en general, suele ser porque no han probado la organización y la simplificación, y por lo tanto las desconocen.

Dale una oportunidad a la simplicidad.

¿Por qué complicamos las cosas?

Todos anhelamos la simplicidad, pero nuestras vidas tienden a descontrolarse, a sobrecargarse y saturarse. Normalmente, sólo podemos responsabilizarnos a nosotros mismos de lo complicadas que se han vuelto nuestras vidas. De hecho, parece que nos sentimos atraídos por la complicación. Complicamos nuestras vidas por cuatro razones distintas: no sabemos lo que realmente queremos, no tenemos claro cuál es el propósito de nuestras vidas, tenemos miedo de perdernos algo, y no queremos prestar atención a los verdaderos retos de nuestra vida interior.

¿Sabes lo que quieres? Me he dado cuenta de que la mayoría de las personas no lo saben. Si le preguntas a un soltero: «¿Qué buscas en una pareja?», suele responder: «No quiero estar con una persona insegura o que no sea espontánea». Si le preguntas a alguien qué busca en un trabajo, suele responder: «Bueno, lo que necesito es largarme de donde estoy ahora. Haré cualquier cosa, pero no puedo seguir con esto». Es bastante habitual que las personas respondan a las preguntas con negaciones. Tener claro lo que queremos es esencial para simplificar nuestras vidas. Las personas que saben lo que quieren responden en positivo: «Quiero estar con alguien que tenga mucha confianza en sí mismo, que no intente ser lo que no es y que le guste la espontaneidad», o «Buscaré un trabajo de marketing donde sienta que mi creatividad la disfrutarán un gran número de personas con las que me gustará trabajar».

Nuestras vidas se complican porque no sabemos lo que queremos.

¿Tienes una idea clara de cuál es tu propósito, tus valores esenciales y tus factores de éxito? En un entorno corporativo casi siempre se habla de estas cosas. La mayoría de las empresas extraen sus valores, estrategias y propósitos principales de las elevadas ideas de algunos altos ejecutivos, pero con frecuencia no tienen nada que ver con la práctica. Tener una idea clara de los valores esenciales y de los factores de éxito es muy útil cuando sirven para conducir a una compañía a la consecución de su propósito, que suele ser convertirse en la empresa líder de su sector.

Creo que esto también podemos aplicarlo a nuestras vidas. Por ejemplo, nuestro propósito es llegar a ser la-mejor-versión-de-nosotros-mismos. Este propósito nos da una meta, un sueño, nos proporciona la imagen completa. Uno de tus valores esenciales puede ser la honradez. Si es así, sabes que, pase lo que pase, siempre querrás ser honrado contigo mismo. Es un valor esencial, y los valores esenciales no cambian. Luego tenemos los factores de éxito. Si ser un buen padre es uno de tus objetivos estratégicos, entonces uno de tus factores de éxito podría ser pasar mucho tiempo con tus hijos. Si uno de tus objetivos estratégicos para los próximos doce meses es estar en forma, tus factores de éxito pueden ser hacer ejercicio con regularidad y comer alimentos que tu cuerpo asimile mejor. Los factores de éxito cambian cuando cambian nuestros objetivos estratégicos. Voy a poner un ejemplo del mundo empresarial.

Me encanta la historia de la Southwest Airlines. Pregúntate qué es cierto respecto a la misma. Tiene precios bajos, es informal y divertida, utiliza sólo un modelo de avión, tiene el récord de puntualidad, no confía plenamente en el sistema de los centros de distribución para las compañías de bajo coste, pero ofrece un servicio de puerto a puerto, no asigna asientos y no da prioridades cuando llega la hora del embarque, cuenta con el índice más alto de reservas *on line* de su sector, no utiliza agencias de viajes, hay un alto grado de satisfacción entre sus clientes, no ofrece billetes de primera clase..., etcétera. Ahora, pregúntate cuáles son los factores básicos de su éxito. Las cosas que una empresa considera esenciales para triunfar, a las que siempre ha de ser fiel. El hecho de que la compañía utilice sólo un modelo de avión es muy importante para su éxito porque eso le permite comprar las piezas de recambio en grandes cantidades, lo cual reduce los costes de las reparaciones y del mantenimiento, y también facilita el cambio de tripulación de un avión a otro. Pero no es uno de los factores de éxito esenciales. Las tres cosas que siempre ha de mantener son los bajos costes, la puntualidad y la satisfacción de los clientes. Estos son sus factores de éxito esenciales.

Un cliente preguntó a una empleada del aeropuerto de la Southwest por qué la compañía no ponía asientos en la sala de espera para el embarque. Ésta le respondió: «Los asientos costarían dinero, y entonces tendríamos que subir los precios, y nuestro compromiso son los precios bajos». La empleada tenía muy claros los factores del éxito de su compañía, lo cual le facilitó responder a la pregunta. Si no lo hubiera tenido claro habría pasado horas, días o incluso semanas pensando en cómo conseguir que la compañía pusiera asientos, habría transmitido la petición al director. Si éste no hubiera tenido claros los factores de éxito para su empresa, habría dedicado un tiempo a pensar en la sugerencia y la habría transmitido a su supervisor. El propósito aporta claridad respecto a cómo actuaremos a medida que avanzamos en una dirección. Tener claro los factores de éxito aporta claridad respecto a las acciones que emprenderemos en una dirección concreta.

A Southwest le han ofrecido recientemente nuevas rutas para San Francisco, pero ha declinado la oferta. La gente dice que la compañía está loca y la ha criticado, diciendo que eran rutas muy buenas que podrían hacerle ganar mucho dinero. ¿Por qué declinó la oferta la compañía? San Francisco tiene niebla. Nadie puede controlar eso, por lo que afectaría a las estadísticas de puntualidad de la Southwest. La puntualidad es uno de sus principales factores de éxito, por eso rechazó la oferta. Saber quién eres y lo que haces te ayuda a tener las ideas claras cuando has de tomar decisiones, especialmente cuando te enfrentas a nuevas oportunidades.

El director general de Southwest recibió recientemente una carta de un pasajero que se quejaba de que los asistentes de vuelo hacían bromas durante las instrucciones de seguridad. El pasajero consideraba que su forma relajada de tomarse las cosas llegaba demasiado lejos. La mayor parte de las compañías habría respondido con una disculpa y con un bono de descuento o con algún otro producto, pero en su carta al cliente el director general le escribió: «Te echaremos de menos».

El servicio al cliente es uno de los pilares estratégicos de Southwest, pero el cliente no es el que ha de decidir quién, qué es y lo que hace Southwest. Southwest es la que toma las decisiones y busca clientes totalmente satisfechos con lo que ellos ofrecen. Si quieres volar en primera clase, Southwest no es tu compañía. Las personas que vuelan con Southwest saben quiénes son y tienen claros todos los aspectos de sus operaciones cotidianas.

Los líderes, los visionarios y los genios suelen tener un propósito muy claro, y se rigen por el mismo. No permiten que sus berrinches, caprichos e impulsos los desvíen de su meta o dirijan sus vidas. Su fuerte propósito y su convicción guían sus acciones y pasiones. Saben qué factores pueden garantizarles su éxito y se centran en ellos.

Recuerdo la primera vez que oí la historia de Jesús cuando fue a un pueblo y curó a todos los enfermos. A la mañana siguiente se levantó temprano antes del amanecer y se retiró a un lugar tranquilo a orar, y recobrar su fortaleza. Más tarde llegó Pedro corriendo y le dijo: «Todos te están buscando». La mayor parte de las personas habrían ido a la plaza del pueblo para dejarse agasajar con regalos y alabanzas, para regodearse en su gloria. La mayoría de las personas habrían ido a dar la mano, a besar bebés y a firmar autógrafos. Pero no Jesús. Él tenía muy claro quién era y cuál era su misión. Así que le dijo a Pedro y a los demás: «Vayamos a los otros pueblos para que también pueda hablarles. Para eso he venido». Eso es una afirmación de propósito y claridad.

¿No crees que ya va siendo hora de que sepas quién eres y cuáles son los pilares estratégicos en tu vida? Recuerda que un pilar estratégico es algo que consideras básico para tu éxito, algo a lo que siempre querrás serle fiel. No tienes que hacer una lista de diez. Probablemente sólo serán dos o tres. Estos dos o tres pilares juntos deberían ayudarte a superar cualquier situación. Por ejemplo, si escoges la sinceridad como uno de tus pilares, en la gran mayoría de los casos te dará claridad al momento cuando tengas que actuar.

Aclárate respecto a quién eres y quién no eres, respecto a lo que haces y a lo que no haces. Cuanto antes tengas claros estos puntos, antes se simplificará tu vida y empezarás a medrar gracias a la claridad que te aportará la simplicidad. Complicamos nuestras vidas porque no tenemos una idea clara de cuáles son nuestros valores y pilares esenciales.

Otra razón por la que complicamos nuestras vidas es que tenemos miedo de perdernos algo. Nuestras vidas suelen complicarse porque saturamos nuestra agenda diciendo que sí a todo y a todos. Este es uno de los síntomas de no saber lo que queremos, de cuáles son nuestros valores esenciales y nuestro propósito.

En la universidad tenía un compañero que no podía resistirse a ninguna oportunidad de aventura. Paul era un muchacho extraordinario, amable y respetuoso, y tenía un gran sentido del humor, pero no podía decir que no a ninguna oportunidad. Siempre intentaba abarcar demasiado, y el resultado era el estrés. Un día le pregunté por qué era así. En un momento de gran sinceridad me dijo que era porque tenía miedo de perderse algo.

Con los años he conocido a más personas como Paul. Algunas son así con las relaciones, otras en el campo profesional, otras en el ámbito social, y otras como Paul, no pueden resistirse a la aventura. Al tener claro lo que realmente deseamos y cuál es nuestro propósito y nuestros valores, tendremos claro cuándo hemos de decir que sí y cuándo que no.

Al decir que sí a todo, casi con toda seguridad te estarás perdiendo justamente aquello o a aquella persona que estaban destinados para ti. ¿Cuántas personas conocemos que están saliendo con alguien sólo porque les gusta estar acompañadas? Saben que esa persona no es para ellas, pero no quieren estar solas. Es muy probable que mientras pasan el tiempo con esa persona, se estén perdiendo muchas oportunidades de conocer a la persona que realmente es para ellas. Cuando sabes lo que estás buscando, te das cuenta de que algunas citas nos son más que una pérdida de tiempo para ambos y un derroche de energía emocional.

Cuando dices que sí a una cosa, automáticamente dices que no a todas las demás opciones, aunque sólo sea durante ese momento, día o semana. En parte ésta es la razón por la que no llegamos a aclararnos respecto a quiénes somos y qué queremos, porque nos gusta tener varias opciones. Pero las opciones muchas veces nublan las cosas. Las complican. Complicamos nuestras vidas porque tenemos miedo de perdernos algo.

Otra razón por la que complicamos nuestras vidas con tanto desorden, saturación y confusión es porque no queremos enfrentarnos a la pregunta de «¿Por qué estoy aquí?» Es una pregunta difícil, no es de las que puedes hallar la respuesta en una tarde con tus amigos de confianza. Los padres, los profesores y los asesores no pueden responder por nosotros. Se necesita tiempo y una serie de experiencias, y para ello hemos de escuchar atentamente a nuestra voz interior. A veces no queremos escuchar a esa amable voz interior, por eso nos sumergimos en un millón de placeres y pasatiempos. En ese proceso solemos ser demasiado indulgentes con nuestros cambios de humor, caprichos e impulsos, alejándonos más de la felicidad duradera que tanto anhelamos y situándonos en un lugar donde cada vez es más difícil alcanzarla.

Complicamos nuestras vidas para evitar los retos reales de nuestra vida interior. Necesitamos tiempo para aclarar estas cosas —propósito, identidad, deseos, valores— a fin de que luego podamos ver con total claridad lo que más nos importa en nuestras vidas. La claridad y la simplicidad son almas gemelas. La vida se vuelve mucho más sencilla cuando empiezas a ser consciente de quién eres, qué quieres, cuáles son tus valores y qué papel puedes desempeñar en la maravillosa aventura que llamamos vida.

TOMAR DECISIONES

¿Cómo podemos conseguir esta claridad? Simplificando nuestra vida, eliminando todo lo que es innecesario, todo lo que nos resta espacio, nos provoca caos y confusión. De la simplicidad surgirá todo lo que eres y lo que realmente deseas por las razones correctas.

La vida es tomar decisiones. Para elegir bien, primero has de tener muy claro por qué lo estás haciendo. Esta claridad no podemos conseguirla en medio de un mundo ruidoso y ajetreado. La claridad no se puede conseguir en medio del caos personal, aunque sea autoimpuesto. Deja que la simplicidad dirija tu vida y que el silencio y la soledad ocupen el lugar que les corresponde en tu rutina diaria. Entonces tendrás breves visiones de la-mejor-versión-de-ti-mismo. Esta visión te guiará e inspirará en tus decisiones y acciones.

Gran parte de nuestra intranquilidad y desgracia se debe a que no sabemos qué es lo que hemos de hacer en ciertas situaciones, qué es lo que hemos de decidir o elegir cuando surgen oportunidades. La claridad es el gran regalo de la simplicidad, y la claridad para tomar decisiones es algo a lo que todos debemos aspirar.

¿Has de responder a alguna pregunta? ¿Has de tomar alguna decisión? ¿Has de aprovechar alguna oportunidad o debes dejarla correr? ¿Hay alguna relación que debas iniciar o es mejor que la olvides? ¿Qué está nublando tu criterio? ¿Por qué tanta confusión?

Una forma de conseguir algo de claridad es examinando nuestras motivaciones sin tapujos. Las motivaciones nos ofrecen una ventana a través de la cual podemos observar nuestras decisiones —e indecisiones— con mayor detenimiento. Puede que en algunas ocasiones nos sea difícil tener claro que lo que creemos es lo que hemos de hacer en esa situación. En esos momentos las motivaciones pueden ser poderosos indicadores. Si contemplamos honradamente los motivos que nos inducen o nos disuaden de realizar ciertas acciones, puede que nos sea más fácil determinar qué dirección hemos de tomar en una situación en concreto.

Nuestras motivaciones pueden enseñarnos mucho respecto a nosotros mismos. Con frecuencia nos revelan qué es lo que nos impulsa a actuar, a qué tenemos miedo, qué opiniones influyen en nuestra toma de decisiones y qué es lo que consideramos importante.

También es importante observar que es muy raro que una persona tenga un motivo totalmente puro. Por ejemplo, estás caminando y ves a una mujer mayor que es evidente que necesita ayuda para cruzar la calle por un lugar donde no hay mucha luz. Puede que la ayudes porque sientas lástima o porque te sentirías culpable si no lo hicieras. Puede que la ayudes por el mero hecho de ser solidario, o simplemente porque te sentirás mejor si lo haces. Puede que la ayudes porque hay una mujer a la que quieres impresionar, o para ser un buen ejemplo para tu hermano o hermana pequeños. Puede que lo hagas porque te sientes obligado. Pero lo más habitual es que lo hagas por una serie de razones. Y eso no tiene nada de particular. Cuanto más podamos identificar sinceramente esos motivos, más nos percataremos de cómo tomamos decisiones. Todo este conocimiento adquiere mucha fuerza si llegamos a la conclusión de que queremos cambiar la forma en que decidimos.

Lo que la gente hace y lo que dice es interesante, pero el *porqué* la gente hace y dice cosas distintas es absolutamente fascinante. Llegar hasta la esencia de nuestros motivos requiere una transparencia, humildad y vulnerabilidad que son tan raras como difíciles de conseguir.

Piensa un momento en tu trabajo. ¿Por qué trabajas tanto? Quizá trabajas mucho o quizá no, pero la pregunta será la misma. Si trabajas 75 horas a la semana, ¿por qué lo haces? Si pasas mucho tiempo holgazaneando y matando el tiempo en Internet, ¿por qué lo haces? Examina tus motivos. Algunas personas trabajan mucho porque les gusta. Algunas personas son perezosas en su trabajo porque no se sienten apreciadas. Ahora profundiza en tus motivos. ¿Quién o qué guía tu trabajo? Unas personas trabajan para mantener a su familia. Creo que mi padre trabajaba por su deseo de dar a sus hijos una vida mejor que la suya. A otras las impulsa su deseo de impresionar a sus amistades, colegas o jefes. Otras buscan prestigio, poder, fama, dinero, ascensos y promociones.

Observemos un momento la relación entre padres e hijos. Si tienes hijos, ¿qué motivos tienes para empujarlos en ciertas direcciones o disuadirlos de que sigan ciertos caminos? Parece que hoy en día los niños realizan un montón de actividades que obligan a los padres a estar en seis sitios a la vez. ¿Qué motiva esta locura? ¿Por qué nos aferramos a ella? ¿Estamos realmente pensando en el interés de nuestros hijos o es sólo un intento de ser complacientes? ¿Es positivo para los niños hacer tantas cosas, o las hacen sólo porque todos los demás las hacen?

¿Por qué sales con un tipo de persona en lugar de hacerlo con otra?

¿Por qué colaboras voluntariamente en organizaciones?

¿Por qué evitas a algunos familiares?

¿Por qué? Nuestros motivos dicen mucho de quiénes somos. Si has de tomar una decisión y no puedes aclararte, elimina una o dos capas de confusión examinando los motivos que te inducen a ir en una u otra dirección. Luego haz la siguiente cosa correcta. Comprender tus motivos te ayudará a dominar el momento de la decisión.

El arte de programar

Otro área de tu vida que es absolutamente necesario que simplifiques es tu agenda. Como pronto veremos, si queremos tener propósitos definidos y desarrollar claramente nuestra identidad, deseos y valores, hemos de dedicar algún tiempo a nuestra vida interior. La mayoría tiene agendas tan apretadas con actividades y reuniones, compromisos sociales y los imprevistos urgentes, que nunca encuentran el momento para ese tan necesitado tiempo de silencio y soledad que les ayude a reconectar con la visión de quiénes son realmente.

Esta es la mejor lección para simplificar tu vida: aprende a decir que no. A muchos les cuesta bastante. Por todo lo que ya hemos dicho, desde no querer perderte nada hasta querer complacer a todos, cuesta mucho decir que no.

Si tu vida está saturada es porque estás haciendo más de lo que debes. Busca tu papel. Ser tú mismo significa hacer *sólo* lo que se supone que has de hacer. Has de encontrar tu lugar en el gran esquema de la vida, pero no lo encontrarás ocupándote en un millón de cosas que no son para ti.

Si sentimos que nos falta algo, si anhelamos algo o a alguien maravilloso en nuestras vidas, hemos de aprender a tomar distancia respecto a nuestra frenética actividad. Hemos de crear un hueco en nuestra vida, un espacio; sí, esos espacios que tanto nos asustan. Sólo entonces podrá aparecer ese algo o alguien especial.

Aprende a decir no. Empieza a crear un espacio en tu vida para ti y para las cosas nuevas que tanto ansías que lleguen a tu vida. Si alguien te pide que hagas algo o te invita a ir a alguna parte, pregúntale si le importa que le respondas en otro momento. Escribe la invitación. Espacia el momento entre el acontecimiento (en este caso, la invitación o petición) y la respuesta (en este caso, tu agenda). De este modo tendrás tiempo de pensar en si realmente quieres comprometerte a hacer esa actividad. Podrás examinar por qué te sientes atraído a hacerla. ¿Es porque quieres, porque crees que te iría bien o porque crees que has de hacerlo?

Hacemos muchas cosas porque creemos que hemos de hacerlas. Demasiadas veces cuando nos preguntamos: «¿Por qué estoy haciendo esto?», la respuesta es: «porque he de hacerlo». Pero no es cierto. Elegimos hacer las cosas que hacemos. Sí, hay veces que las circunstancias se escapan de nuestro control, pero con frecuencia se debe a una decisión que hemos tomado anteriormente. El sentirse obligado a veces es un autoengaño. A menudo pensamos que nuestra intervención en una actividad en concreto es absolutamente imprescindible. ¿Se acabaría el mundo si no la hiciéramos?

Tengo una ficha para hacer anotaciones que utilizo como punto de libro. Es una ficha normal y corriente donde he escrito «Tu vida te pertenece». Eso es cierto, pero muchas veces se me olvida. Nuestras vidas son nuestras, pero con frecuencia estamos muy liados en la gran maraña de nuestras obligaciones, la mayoría de las cuales son imaginarias. Nuestras vidas nos pertenecen, y podemos entregarlas a quien o a lo que nos plazca.

Vivimos en un mundo complejo de oportunidades ilimitadas. Hay miles de personas y de actividades que están compitiendo por compartir un momento de tu vida. Nuestros mundos interior y exterior están compitiendo constantemente por nuestra atención. Cuanta más claridad interior, más medramos externamente. Pero el trabajo de reflexión de la vida interior requiere una verdadera atención, y la vida exterior de la actividad es francamente seductora.

Solemos utilizar la actividad para distraernos de las preguntas cruciales, del verdadero trabajo de nuestras vidas, de la inquietud y de los conflictos que se debaten en nuestro interior. Pero no podemos estar siempre activos, y cuando nos detenemos para descansar y dormir, suelen ser estas preguntas las que nos despiertan.

La clave para medrar en medio de la complejidad es la simplicidad. Programar es una herramienta muy práctica que utilizamos todos los días; empecemos a usarla para simplificar nuestras vidas. El hecho de que tengas un espacio en blanco en tu agenda no significa que tengas la obligación de llenarlo. De lo contrario, puedes pasarte toda la vida haciendo cosas «urgentes». El problema es que las cosas más importantes rara vez son urgentes. ¡Quizás haya llegado el momento de hacer una lista de cosas que no hay que hacer!

El dinero y las cosas

En cierta medida, el dinero y las cosas simplifican nuestras vidas, pero la mayoría hemos sobrepasado mucho ese nivel y nos encontramos en el de que nos complican más la existencia. No estoy diciendo que el dinero y las cosas no sean estupendos o que sean intrínsecamente malos. Sólo digo que necesitamos estar alerta acerca de las formas en que pueden afectarnos y complicar nuestras vidas.

En la película *Wall Street* hay una frase muy buena. Gordon Gekko, el legendario gurú de las inversiones, le dice a Bud Fox, el joven que está intentando hacerse un nombre en ese campo: «El problema del dinero es que te hace hacer cosas que no quieres hacer». Creo que en distintos momentos de nuestra vida, todos hemos hecho cosas que no queríamos para pagar los recibos y las facturas. Forma parte de la vida en los países desarrollados. Formaba parte de la vida en la era de la agricultura. Quizá siempre haya formado parte de la vida. Durante miles de años la gente ha hecho cosas que hubiera preferido no hacer para poder conseguir lo que realmente quería. Es una forma de vida y contribuye a ayudarnos a aclarar quiénes somos, para qué hemos venido a este mundo y qué es lo realmente importante para nosotros.

Pero el dinero tiene una forma única de nublar nuestro entendimiento. El dinero en sí mismo no es más que un papel sucio, y lo que representa para la mayoría de las personas no es sólo más cosas sino también más oportunidades. La pobreza más devastadora después de la falta de alimento, agua y techo es la falta de oportunidades. La falta de oportunidades devasta no sólo el cuerpo sino también el espíritu. El gran poder que ejerce el dinero es que también puede comprar oportunidades. Tanto si esas oportunidades se presentan en forma de educación, viajes o más tiempo libre, lo que nos seduce suele ser la oportunidad que nos imaginamos, no el dinero.

El dinero complica nuestras vidas porque cuando lo tenemos, hemos de protegerlo. Para las personas eso significa cuentas bancarias, portafolios de inversiones y fondos de pensiones. Para las naciones significa armamento y ejércitos. Todo esto añade complicación a nuestras vidas. No me malinterpretes: prefiero tener la complicación de tener dinero que carecer de él por completo, pero es importante que entendamos de qué modo influye éste en nuestra rutina diaria. Si tenemos cuentas en diversos bancos, recibimos los extractos mensuales, que realmente casi no miramos, sólo les echamos un vistazo. Unas veces hay bastante dinero, otras no tanto. A veces te preguntas si tendrás suficiente dinero en esa cuenta para pagar el cheque que hiciste ayer. Todo esto requiere energía mental y emocional. Sí, energía emocional. Invertimos mucha energía emocional en nuestro dinero.

¿Cómo podemos simplificar el aspecto económico de nuestras vidas? Hacernos un presupuesto puede ser el primer paso. Fusionar cuentas bancarias, cuentas de inversiones y fondos de pensiones puede ser otra forma si tenemos varias cuentas. Luego, por supuesto, están las tarjetas de crédito. ¿Cuánto más sencilla sería tu vida si sólo tuvieras una tarjeta de crédito?

Después del dinero vienen las cosas: las cosas que compramos por comprar, las cosas que compramos porque las tienen los demás, las cosas que compramos como recompensa. La cuestión con los objetos es que ocupan espacio en nuestra mente. Todo lo que tenemos ocupa un espacio mental, y probablemente no sea necesario señalar que nuestro espacio mental es limitado, así que cuanto más acumulas, más caótico deviene nuestro mundo mental.

Conozco muchas personas que tienen segundas residencias en zonas más cálidas o exóticas del país o del mundo. Incluso los que son capaces de «vivir en dos sitios», tienen que preocuparse siempre de la otra casa. Cuando están en su residencia habitual se preocupan por la segunda residencia, y cuando están en la segunda residencia se preocupan por la primera. «¿Habrán cortado el césped? ¿Habrán entrado a robar? ¿Se la habrá llevado el huracán? ¿Cerramos la llave del agua antes de marcharnos?» Luego están los recibos que hay que pagar, y ya no es tanto una cuestión de dinero cuanto la molestia de tener que gestionarlo.

Lo sé, lo sé: para muchos estos parecen los problemas de los ricos. Muchas personas firmarían por tenerlos. Pero los estoy usando como ejemplos de cómo las propiedades restan espacio en nuestras mentes y complican nuestras vidas.

Leí una frase muy impactante en la obra de Richard Foster, *Celebration of Discipline*. En ella habla de la forma en que las posesiones pueden complicar y gobernar nuestra vida: «Aprende a disfrutar de las cosas sin tener que poseerlas». Me conmovió profundamente, porque me gusta tener mis cosas. Pero me ayudó a darme cuenta de que a veces es más agradable poder usar algo durante un día, una semana o incluso un mes y que no ocupe un espacio fijo en tu mente.

Una de las formas más poderosas de simplificar nuestras vidas es en el área del dinero y de las posesiones. Examinar nuestra actitud respecto al dinero y las cosas también puede ofrecernos una valiosa visión sobre cómo nos percibimos a nosotros y los motivos que nos guían.

- ¿Compras cosas porque las quieres o porque las necesitas?
- ¿Evalúas el éxito de las personas basándote en sus propiedades y en su dinero, o lo haces basándote en la bondad de su carácter y de sus relaciones?
- ¿Está tu identidad estrechamente vinculada con tu dinero y posesiones, o lo está con quien realmente eres y con tu propósito en la vida?
- ¿Compras por placer o lo haces sólo cuando es necesario?
- ¿Estás siempre comprando artilugios que crees que van a ahorrarte tiempo?

- ¿Te cuesta deshacerte de las cosas aun cuando no las necesitas o ya no las usas, o te sientes liberado cuando lo haces?
- ¿Compartes tus cosas con los demás? ¿Eres generoso con el dinero?
- ¿Compras las cosas porque son útiles o porque dan clase?
- ¿Te preocupas por lo que no tienes y no puedes comprar? ¿O te concentras en tu desarrollo personal, relaciones y todas las cosas buenas que tienes?
- ¿Buscas la felicidad a través de las cosas o a través de contribuir en la vida de las personas que tienes alrededor?

La próxima vez que vayas de compras, coge el objeto que estés pensando comprar. Tenlo en las manos durante un momento. Piensa: *¿realmente lo necesito? ¿Cuánto espacio va a ocupar en mi mente? ¿Es la mejor forma de utilizar mi dinero?* Algunas veces lo comprarás de todos modos. Estupendo. Disfrútalo. Otras lo dejarás donde estaba y te marcharás. Maravilloso. Disfruta de esa liberación.

No perdamos nunca de vista el hecho de que hay millones de personas que luchan por conseguir comida y agua potable. Parece imposible que casi 2.000 millones de personas, un tercio de la población mundial, todavía carezca de alimentos y agua potable, pero es cierto. 3.000 millones de personas, la mitad de la población mundial, vive con menos de dos dólares al día. La forma en que vivimos nuestra vida desde un punto de vista material afecta en la forma de vivir de otras personas tanto en nuestro país como en el extranjero. No hay acciones personales. Teniendo esto presente la Madre Teresa dijo: «Vive simplemente, para que otros simplemente puedan vivir».

Las cosas y el dinero sólo tienen valor cuando los utilizamos para que nos ayuden a ser la-mejor-versión-de-nosotros-mismos y ayuden a los demás a realizar todo su potencial. En el momento en que nos desviamos de esto, se convierten en nuestros amos y nosotros en sus esclavos.

Los primeros pasos prácticos

Hemos abarcado muchas cosas y quizá te sientes un poco abrumado por lo muy abrumado que estás, o quizá tan sólo un poco abrumado al darte cuenta de lo que te gustaría simplificar tu vida. Entonces, ¿por dónde empezamos?

No te conozco, pero me gustan las resoluciones prácticas, manejables y mesurables. Es sorprendente lo que puede llegar a complicarse nuestra vida y lo abarrotado que puede llegar a estar nuestro espacio. Ya sea tu casa o tu piso, tu coche o tu despacho, tus entornos afectan mucho a tu paz mental y el grado de felicidad que experimentas. Tu entorno también puede hablarte y decir cosas sobre ti.

Normalmente soy una persona ordenada. Todo está en su sitio. Mi casa, mi oficina y mi coche están limpios. No tengo chucherías: llenan mi espacio y eso llena mi mente. Si vienes a mi casa y vieras cosas por todas partes, sabrás que estoy enfermo, que soy infeliz o que tengo dudas respecto a algo. La realidad interior busca una forma de expresarse en el exterior.

Pero a veces ordenar tu entorno externo aporta claridad interior. Una vez al año me dedico a hacer una limpieza general. Es un proceso de liberación material. Este es el primer paso que te sugiero que des en tu búsqueda de la simplicidad y la claridad.

Empiezo a ir de una habitación a otra y a deshacerme de cosas que no utilizo nunca, cosas que pensaba que usaría, pero que no las he utilizado desde la última limpieza general, ropa que no me viene bien o que está muy usada, libros que me aburren mortalmente y con los que me niego a castigar a nadie, y así multitud de otros objetos. Ataco habitación por habitación con grandes bolsas de basura negras, pero sólo hago una habitación al día. No quiero hacerlo porque sí. Quiero aprender de ello reflexionando mientras lo hago. Generalmente, este proceso dura un par de semanas, y es extraordinario ver la de cosas que acumulo de un año a otro. También es sorprendente lo liberador que puede ser deshacerse de todas estas cosas innecesarias. Al final de esta gran limpieza, llevo todas las bolsas negras llenas con las pertenencias que me sobran y las dono a alguna institución caritativa.

Tener demasiadas cosas genera confusión. ¿Qué áreas de tu vida están abarrotadas? ¿Qué áreas de tu mundo físico están congestionadas? Un entorno puede tener un gran impacto en tu vida interior. Si tu entorno está demasiado lleno y congestionado, es sorprendente de qué modo puede nublar tu criterio y tu forma de tomar de decisiones. Empieza a simplificar y a organizar tu entorno, y observa si eso te aporta orden y claridad a tu mundo interior.

Si ya lo has hecho y todavía quieres más claridad respecto a tu propósito, identidad, deseos y valores, desconecta tu televisor durante un mes. Deja que haya algo de paz y tranquilidad en tu hogar. La mayor parte de las personas son incapaces de hacerlo. Es irritante ver lo adictos que somos a esa caja. Pero si tienes autocontrol para desconectarla durante un mes, te darás cuenta de lo conectado que estás contigo mismo y cómo cambia esto tu comunicación en tus relaciones. No se trata sólo de la ausencia de ruido, es la ausencia del bombardeo publicitario y de los mensajes constantes. Si a ti te surte tanto efecto como a mí, puede que te lo pienses mucho antes de volver a encenderla.

La séptima lección para una felicidad duradera es:

SIMPLIFICA

La simplicidad es uno de los principios perennes de la felicidad. Durante décadas hemos ido añadiendo capas de complejidad a nuestras vidas, siempre en nombre del progreso. Lo que tenemos entre manos ya no es nuestra supervivencia básica. El verdadero reto es encontrar una forma de medrar en este intricado mundo moderno.

Cuando viajo, veo a una gran cantidad de personas que se limitan a sobrevivir, que simplemente viven, que van tirando. Estoy convencido de que si hemos de aprender a prosperar, la simplicidad es una de nuestras grandes aliadas. Todos deseamos la simplicidad. Cuanto más dispuestos estemos a simplificar, más se alejarán las nubes de la confusión, con mayor claridad empezaremos a vernos a nosotros mismos tal como somos y al mundo que nos rodea tal como es, y por ende, más libres seremos.

Simplifica. Simplifica. Simplifica.

Aplica tu séptima lección para una felicidad duradera:

SIMPLIFICA

Aplicaré la séptima lección para una felicidad duradera en mi vida dando los siguientes pasos:

1. Aprenderé a dominar el momento de la decisión. Cada día me recordaré que mi vida me pertenece, que puedo decir que sí o que no a una petición o invitación, y que cada momento me pertenece para usarlo como crea oportuno. Aprenderé que decir «no» es una poderosa forma de simplificar mi vida.

2. Examinaré los distintos aspectos de mi vida —físico, emocional, intelectual, espiritual, profesional y económico— para identificar mis factores de éxito esenciales. Los escribiré y los revisaré de vez en cuando para evaluar mis progresos en cada una de estas áreas. Dejaré que mis decisiones se guíen por estos factores de éxito.

3. Tendré en cuenta que el dinero y las posesiones sólo son útiles en cuanto pueden ayudarme a mí y a los demás a convertirme en la-mejor-versión-de-mí-mismo. Antes de comprar algo me preguntaré: «¿Realmente necesito esto o es sólo un capricho?». Me liberaré para responder a esta pregunta recordándome sinceramente que está bien desear cosas que no necesito. Pero que en cada caso, si hay

algo que no necesito verdaderamente, quiero asegurarme de que no actúo por compulsión, de que soy libre de no tenerlo.

4. Desconectaré la televisión durante un mes. En ese tiempo examinaré cómo me siento, cómo cambia la energía de mi hogar y cómo afecta a mis relaciones la ausencia de ruido y de mensajes. En lugar de ver la televisión, leeré más y pasaré más tiempo hablando con mis seres queridos, ya sea directamente o por teléfono. Al final de este mes de abstinencia, consideraré seriamente el efecto que tiene la televisión en mi vida y en mis relaciones antes de volver a encenderla. Si decido volver a un estilo de vida que incluya la televisión, me protegeré de sus efectos negativos limitando mis horas de exposición a la misma y seleccionando cuidadosamente los programas que voy a ver.

5. Empezaré la gran limpieza de mi entorno casero y laboral. Limpiaré las habitaciones de una en una, me desharé de todos los objetos que han sobrevivido a su uso en mi vida: las cosas que no uso nunca, la ropa que no me pongo, y todo lo que se acumula y congestiona innecesariamente mi vida y mi espacio laboral. Siempre que sea posible, procuraré que mis pertenencias pueda usarlas alguien que las necesite.

8

¿Cuál es tu misión?

Hace unas semanas fui a cortarme el pelo. A mi estilista normalmente le gusta ponerme al día de lo que ha estado diciendo la gente sobre mí. Es bastante divertido, y aunque las historias casi nunca son ciertas, suelen surgir de algún hecho oscuro e insignificante. Por ejemplo, un viernes por la tarde fui a un joyero a comprar un reloj como regalo de cumpleaños para mi hermano Hamish. Mientras envolvían el regalo, yo estaba ojeando por la tienda. Alguien debió verme pasando por delante del mostrador de los anillos de diamantes, porque al lunes siguiente tuve once llamadas en mi oficina para preguntar si estaba comprometido.

Ese día en concreto mi estilista no tenía ningún cotilleo, pero me contó una historia interesante. «Una de mis clientas vino el otro día y me dijo: "Me he enterado de que le cortas el pelo a Matthew Kelly. Dile a ese joven que ha de escribir un libro para personas como yo. Quiero decir que tengo sesenta años, pero que no estoy muerta"».

Eso me impresionó porque esa mujer había señalado un sentimiento que se incrementa entre las personas de su generación. Hay muchas personas jubiladas o que están a punto de jubilarse —y muchas a las que todavía les falta bastante para hacerlo— que quieren continuar viviendo de un modo que las haga sentirse vivas, que les ofrezca desafíos y que sientan que pueden contribuir. Esta generación de jubilados no se va a ir al país del ocio a jugar al golf y a beber martinis. Quiere más. Quiere estar más implicada. Quiere contribuir significativamente. Para algunos, esto significa estar medio jubilados, tener menos cargas. Para otros significa trabajar como cooperantes o a tiempo parcial en otra profesión. Para otros significa aprender nuevas habilidades, o hacer lo que nunca habían tenido oportunidad de hacer antes cuando eran más jóvenes. Independientemente de la forma que adopte, este anhelo se manifiesta cada vez más en personas de todas las edades. Queremos vivir una vida que tenga más sentido, y queremos contribuir a ello.

Antes he mencionado las tendencias cambiantes del mundo laboral, concretamente del deseo de tener un trabajo que tenga sentido. El 70 por ciento de los trabajadores estadounidenses quiere tener trabajos que tengan más sentido. La gente quiere contribuir. No quieren ser un engranaje más en la gran maquinaria económica global.

En el otro extremo del espectro de la edad, los jóvenes parecen cada vez más incapaces de evitar que sus mentes se concentren en la locura de pasar 86.400 horas haciendo algo que no les apasiona, lo cual no hace más que aumentar la riqueza de los accionistas. ¿Por qué hay tantas personas adolescentes, veinteañeras y treintañeras, desilusionadas sobre sus futuros? ¿Por qué dan muestras de tan poca motivación e impulso para forjar sus futuros? Puede que algunos digan que simplemente es porque son demasiado jóvenes, pero yo diría que se debe a que hemos fracasado en demostrarles de qué modo pueden aportar su contribución apasionada a la sociedad y la humanidad.

¿No es acaso una de nuestras mayores obligaciones ayudar a los jóvenes —en realidad, a todas las personas— a encontrar algún modo de contribuir ejerciendo sus talentos y habilidades únicas?

Somos incapaces de conectar con personas de todas las edades, con sus habilidades únicas o con las necesidades reales de otras personas e instituciones en contextos culturales, políticos, empresariales o humanitarios. La explosión de pasión y de propósito tiene lugar cuando las habilidades únicas se encuentran con las necesidades. Somos incapaces de crear esta explosión en las vidas de muchas personas. Todos somos responsables de hallar una forma de expresar nuestras habilidades únicas. Sería un error abdicar de esa responsabilidad. Pero también tenemos la responsabilidad colectiva de crear un entorno que ofrezca más oportunidades a más personas.

La generación de mi abuelo se regía por la necesidad de sobrevivir. La supervivencia era el aspecto más importante de sus vidas. No creo que se plantearan demasiado la búsqueda de la felicidad. La idea de la búsqueda de la felicidad es relativamente reciente, y supongo que muchas generaciones pasadas debían considerarla un lujo sorprendente. También me pregunto si un gran número de personas de las generaciones pasadas podían permitirse pensar mucho en su infelicidad. A mí me parece una mera búsqueda de ocio.

La generación de mi padre intentaba dar a sus hijos una vida mejor que la suya. Daban sentido a sus vidas manteniendo a sus familias y dando a sus hijos las oportunidades que ellos pensaban que eran necesarias para que tuvieran un futuro más próspero y abundante, especialmente en el área de la educación. Pero ahora, con tantas necesidades básicas cubiertas y con tantos antojos satisfechos, está surgiendo un deseo universal entre las personas de todas las edades: dar más sentido a su vida. Este deseo es el comienzo de una revolución cultural. Este afán de dar más sentido a su vida probablemente cambiará el mundo de los negocios y de la política más que ninguna otra idea en muchas décadas. Sin duda cambiará la forma en que vivimos nuestras vidas individualmente.

Entonces, ¿adónde hemos de recurrir para hallar este significado?

En el orden natural de la evolución humana, los sociólogos y los filósofos suelen hablar de tres etapas. La primera etapa es la lucha por la *supervivencia*. Ésta fue la lucha de mi abuelo. Vemos claramente esta etapa en la vida de algunas personas, pero también lo vemos en la vida de las naciones. Hay muchas naciones en vías de desarrollo que siguen casi totalmente absortas en la lucha por la supervivencia, y hay muchas personas de naciones desarrolladas que viven al día obsesionadas con esta etapa.

En la siguiente fase empezamos a adquirir algún tipo de conocimiento junto con un entendimiento de los procesos y sistemas que van unidos a la búsqueda de la *independencia*.

A medida que adquirimos un conocimiento especializado y vamos entendiendo cómo funcionan ciertos sistemas, empezamos a medrar social y profesionalmente. Al llegar a este punto, normalmente nos centramos en ser cada vez más *eficientes* en lo que hacemos. Esta es la famosa búsqueda de la eficiencia, y es la que se considera la tercera etapa. Pero yo diría que es la cuarta.

La realidad es que la mayoría de las personas se saltan esta etapa. Para ser realmente eficiente, has de hacer lo adecuado para ti. No importa con qué rapidez o eficiencia seas capaz de hacer lo inadecuado para ti, o cuántas horas al día o cuántos años de tu vida hayas dedicado a hacer lo inadecuado para ti: lo inadecuado sigue siendo inadecuado. Hacer bien lo inadecuado no lo convierte en algo adecuado. No estoy hablando de lo adecuado o inadecuado en un sentido moral, sino en el sentido de lo que es lo más pertinente para esa persona. Creo que todos estaremos de acuerdo en que si Picasso hubiera empleado su tiempo en pilotar un avión, no habría sido lo adecuado para él, y si san Francisco de Asís se hubiera hecho cargo de los negocios de su padre, no habría sido lo adecuado para él, y si Albert Einstein hubiera pasado su vida dando clases de ciencias en un instituto, habría sido inadecuado para él. No tiene nada de malo ser piloto, tener un negocio o ser profesor en un instituto si eso es lo que has venido a hacer.

De modo que si la etapa 1 es la supervivencia y la 2 la independencia, y la eficacia y la prosperidad la etapa 4, ¿cuál es la 3? La etapa 3 es la *misión*. La mayor parte de las personas se la saltan, y esa es la razón por la que la mayoría viven en una desesperación silenciosa.

Las personas más felices que conozco son las que tienen conciencia de su misión. Gozan de una felicidad que nadie puede arrebatársela. La dicha de sus vidas no está vinculada al ámbito de lo mundano o a la magnitud de su misión sino a la convicción de que han sido llamadas para ello. Tienen la sensación de que están en el lugar adecuado en el momento adecuado haciendo lo adecuado. Sus vidas tienen sentido para ellas. Puede que no lo tengan para las personas que las rodean, ni siquiera para sus más allegadas. Pero lo tienen para ellas. ¿Tiene sentido tu vida para ti? ¿Estás en paz con quien eres, con el lugar donde estás y con lo que haces?

Las personas que tienen conciencia de una misión en sus vidas están llenas de una felicidad que no depende de ningún objeto o circunstancia. Incluso cuando pasan grandes pruebas, siguen teniendo una gran capacidad para ser felices. La razón es que, sea cual fuere la circunstancia que estén atravesando, saben que no es por nada. Actúan por un propósito más elevado que su propia gratificación.

En su mayor parte, sus misiones suelen ser bastante simples y humildes. No intentan condonar la deuda del Tercer Mundo ni cambiar las leyes de más de un centenar de naciones donde las mujeres todavía reciben tratos vejatorios. Sólo unas pocas personas son llamadas a estas grandes misiones, pero la mayoría somos llamados a misiones bastante más manejables en el contexto de nuestra vida diaria. Esta es la cuestión respecto a la misión. No eliges una misión, eres enviado a una misión. Esta es la razón por la que tantas explicaciones de las diferentes etapas del desarrollo humano se saltan la etapa de la misión. Supone un problema en una sociedad que idolatra la autodeterminación. Si estas personas felices tienen la convicción de que han sido llamadas para una misión, ¿quién las ha llamado? Si tú no eliges una misión sino que te sientes llamado a la misma, ¿quién te envía el mensaje?

Según cincuenta años de encuestas de opinión realizadas por la Organización Gallup, el 94 por ciento de las personas cree en Dios, el 90 por ciento reza, y el 80 por ciento cree que Dios nos ama. ¿Quién hace la llamada y el envío? Dios. Por supuesto, en las escuelas públicas no podemos hablar de ello, y quizá por eso nos saltemos la tercera etapa. Pero, ¿existe realmente alguna razón para que seamos eficientes en hacer lo inadecuado, y no es un poco frustrante pensar que millones de personas pasan sus vidas haciendo cosas que son contrarias a sus habilidades únicas y su propósito? Así que no se trata de si podemos hablar de Dios y de nuestra misión en los institutos. La cuestión es que las personas han de ser conscientes del papel que la misión desempeña en nuestra vida.

Por último, antes de que comencemos nuestro debate sobre cómo descubrimos nuestra misión en la vida y ayudamos a otros a hacer lo mismo, me gustaría señalar que misión y espiritualidad son inseparables. No sé de nadie que goce de una felicidad duradera que no tenga algún sentido de misión para su vida. De hecho, parece que cuanto más fuerte es ese sentido de tener una misión, mayor es su capacidad para ser feliz. Pero la misión real es una expresión externa de una realidad interna. No sé de nadie que sea feliz que no tenga una visión espiritual. Descubrir tu misión en la vida y desarrollar tu espiritualidad son dos cosas que van a la par.

Anhelamos que nuestras vidas tengan más sentido, estamos ansiosos por contribuir, y nos inunda el sentimiento de que no estamos en nuestro lugar. Todo esto es porque no hemos sabido buscar y descubrir cuál es nuestra misión. La misión es lo que mejor se adapta a ti, para lo que has sido llamado y creado. Si puedes seguir abierto a la posibilidad de dicha idea estás a punto de experimentar un nuevo nivel de vida.

¿Cuál es tu misión en la vida? Empecemos a desvelarla.

DESCUBRE TU MISIÓN

Todos queremos encontrar sentido a nuestra vida, comprender su propósito, o mejor, nuestro propósito. Ya hemos establecido que nuestro propósito es convertirnos en la-mejor-versión-de-nosotros-mismos. Pero cuando nos lanzamos a ello con todo nuestro entusiasmo, rápidamente descubrimos que no podemos convertirnos en lo mejor de nosotros mismos sin ayudar a otros a hacer lo mismo. Ambas cosas son inseparables. No sólo eso, sino que nos gustaría interpretar un papel único. Ansiamos la pasión y el entusiasmo que surge de nuestra misión específica.

¿Cuál es tu misión en la vida? Dedica unos minutos a escribir lo primero que se te ocurra. No tiene por qué ser sólo una cosa. Pueden ser muchas. Unas serán más importantes que otras, pero escríbelas todas, las importantes y las no tan importantes.

En mis seminarios suelo preguntar: «¿Cuál es tu misión en la vida?» Algunas de las respuestas que he obtenido son: «Educar a mis hijos»; «Cuidar de mi familia»; «Dejar el mundo mejor de lo que lo he encontrado»; «Ser una buena persona»; «Servir a Dios»; «Ser un buen médico»; «Vivir la vida plenamente». Estas son las respuestas rápidas. Pero la pregunta necesita una seria reflexión. Yo no puedo darte la respuesta. Tus padres tampoco pueden dártela, aunque realmente les gustaría. Tus amigos no pueden decirte cuál es tu misión en la vida. No lo vas a descubrir en la televisión. Ni tus profesores, tutores, mentores, predicadores o rabinos podrán responder a esta pregunta. Pueden ayudarte dándote sugerencias e indicándote lo que ven desde su visión objetiva. Sin embargo, cuando se sopesa todo esto, todavía sigue siendo una respuesta que sólo tú puedes responder. Descubrir cuál es tu misión en la vida es una búsqueda muy personal.

Sólo nos es posible encontrar nuestra misión si estamos dispuestos a trascender nuestro yo. La misión no se guía por nuestro deseo de hacer, ser o tener algo, aunque no cabe duda de que ese deseo puede desempeñar algún papel. Se guía por las necesidades de los demás y las del mundo. La misión es un encuentro entre el yo y el servicio. Si realmente estamos buscando una misión, nuestro deseo ha de ser servir cuando y donde sea necesario. La misión se guía por la necesidad: las necesidades de los demás y nuestra necesidad de servir. Al mismo tiempo creo que nuestras misiones han sido diseñadas para corresponderse con nuestros más profundos anhelos y talentos únicos. La misión reúne nuestros talentos y pasiones con las necesidades de otros y del mundo. Si no somos capaces de vernos como escogidos de Dios para hacer nuestra misión, entonces dejaremos que sean las necesidades de los demás y de nuestro maravilloso pero herido mundo quienes lo hagan. Frederick Buechner, ministro de iglesia y escritor, observó que la misión «es el lugar donde tu alegría se encuentra con la necesidad profunda del mundo».

Lo que importa respecto a nuestra misión es que no busca nuestro servicio, y, sin embargo, rápidamente descubrimos que la paradoja de la misión es que es la fuente de nuestra mayor felicidad. Una vez que hayamos descubierto nuestra misión y nos hayamos puesto manos a la obra, el reto es conseguir que ésta se centre en el servicio. Por grande que sea el servicio que vayamos a realizar, por grande que sea nuestra contribución, hemos de evitar la tentación de que se ponga a nuestro servicio. La misión nos redime de nuestra vida egocéntrica y nos proporciona una felicidad sostenible al apartar nuestra mirada de nosotros mismos para dirigirla a los demás.

También es importante reconocer desde el principio que nuestra misión puede cambiar en distintos momentos de nuestra vida. El papel de una madre en la educación de su hijo es un ejemplo perfecto. Su misión tiene muchas etapas, desde llevar al bebé en el útero y parirlo, hasta las primeras semanas de su vida, la adolescencia y la adultez. En cada etapa la madre nutre al hijo de distintas formas. En toda la misión de la maternidad, ésta siempre es la misma, pero requiere distintos enfoques según la etapa.

Hay otros ejemplos en los que nuestra misión puede cambiar por completo. Un joven o una joven pueden sentir la llamada de pertenecer al Cuerpo de Paz cuando son adolescentes o tienen veinte y pocos años. Puede que se comprometan durante un par dc años y luego se casen, formen una familia y se dediquen a algún campo profesional. En este caso, la misión del Cuerpo de Paz es temporal. Una misión no ha de ser para toda la vida. Muchas son temporales y suelen servirnos de preparación, de formas que ni tan siquiera imaginamos en esos momentos, para misiones futuras.

El problema está en saberlo. ¿Cómo sabemos cuándo hemos descubierto nuestra misión? ¿Cómo sabemos si es una misión temporal o para toda la vida? La respuesta no es fácil. Y como pasa con todas las cosas complicadas, empezar trabajando desde lo general hasta lo específico —desde lo que se aplica a todo el mundo hasta lo que se aplica a ti específicamente— puede ayudarnos.

En términos más amplios, nuestra misión es convertirnos en la-mejor-versión-de-nosotros-mismos. Vivimos esta misión momento a momento, tomando decisiones que nos conducen a celebrar y a defender a nuestro mejor yo. Se requiere tomar la iniciativa, en un esfuerzo defensivo y ofensivo a la vez. Elegir hacer ejercicio es una acción ofensiva, mientras que decidir no pasar el tiempo con cierta persona que te aparte de tu mejor yo es un acto defensivo. Todos estamos aquí para convertirnos en la-mejor-versión-de-nosotros-mismos. De modo que esta es la mejor parte de nuestra misión. No es sólo tuya —compartes esta parte de tu misión con el resto de los seres humanos—, pero la personalizas con tu forma de vivirla.

Cuando damos un paso más para acercarnos a nuestra misión específica, luego descubrimos que nuestra misión es hacer lo que podemos, donde podemos, como podemos, en estos momentos, para que el mundo sea un lugar mejor. La razón por la que muchas personas nunca descubren cuál es su misión única y específica es porque nunca se toman en serio los aspectos generales de su misión. Nuestra mayor fortaleza como seres humanos reside en nuestra capacidad para influir en las vidas de otras personas, y, sin embargo, es la habilidad menos utilizada por los seres humanos. Si realmente queremos descubrir esa parte de nuestra misión que es únicamente nuestra, primero hemos de empezar a ejercitar este gran talento. San Francisco de Asís animaba a quienes le escuchaban: «Primero haz lo que tengas que hacer, luego haz lo que te sea posible, y antes de que te des cuentas estarás haciendo lo imposible». En nuestra búsqueda de la misión, no podemos evitar o descuidar lo general. Si probamos este camino, lo específico nos eludirá. Hemos venido para hacer que el mundo sea un lugar mejor. Esta es la segunda parte de tu misión. De nuevo, no es sólo tuya, forma parte de una misión compartida por la humanidad, pero cada cual la personaliza según su forma de vivirla.

Cuanto más nos centramos en estas dos primeras partes de nuestra misión, más clara y específica se vuelve. Dedicarnos a los aspectos generales de la misma se convierte en un medio de descubrir esa parte de la misión que se supone que es para nosotros. Si no la descubres se quedará por hacer; acéptala y cúmplela.

La tercera parte de la misión, la de carácter personal, implica que ejercites tus talentos y habilidades de la forma en que sólo tú eres capaz de hacerlo, en el lugar y en el momento en que más se te necesite. Esta es tu misión personal. Sólo mi madre y mi padre podían haberme educado de la forma que yo necesitaba ser educado. Formaba parte de mi misión específica. En este momento de la historia hay personas que necesitan las ideas sobre las que hablo y escribo. Hablar y escribir forman parte de mi misión específica.

Tu misión única puede ser educar a un niño, ser presidente o presidenta de tu país, o amar a tu pareja con todo tu corazón. Puede que estés aquí para hacer una gran contribución a las artes o para hacer un descubrimiento científico que cambiará el curso de la historia. Puede que estés aquí para enseñar en una escuela de enseñanza general básica. El ámbito mundano y la magnitud de tu misión única no cuentan; lo que importa es que aceptas el papel para el que has sido creado. Muchas personas dan la espalda a su misión única porque no les parece lo bastante espectacular o porque no les hace ganar suficiente dinero. Pasan el resto de sus vidas sintiendo que les falta algo o que algo no va bien en sus vidas.

¿Cómo descubrimos nuestra misión? Utilizando los momentos del día para convertirnos en la-mejor-versión-de-nosotros-mismos, haciendo todas las cosas buenas que nos sentimos inspirados a hacer ahora mismo, investigando y desarrollando nuestros talentos únicos y nuestros deseos más profundos, y escuchando la voz de Dios en nuestra vida. Si nos centramos con entusiasmo en estas cosas, nuestra misión única se irá revelando gradualmente.

Todos hemos de hallar un propósito y un lugar en este mundo. La Peregrina de la Paz lo exponía de este modo:

> Hay algo único en la vida de todo ser humano porque cada uno de nosotros ocupa un *lugar especial en el Esquema de la Vida*. Si todavía no sabes cuál es el tuyo, te sugiero que pruebes buscando en el silencio receptivo. Yo solía caminar, receptiva y silenciosa, por bellos parajes naturales, y me surgían maravillosas percepciones. Empieza a cumplir con tu parte en el Esquema de la Vida haciendo todas las cosas buenas para las que te sientes motivado, aunque al principio sólo sean pequeñas cosas. Dales prioridad en tu vida, anteponlas a todo lo superficial que suele sobrecargar las vidas humanas.

Aunque no lo admitamos generalmente, sabemos lo que deberíamos estar haciendo. Una cosa es no hacer algo porque no sabemos lo que tenemos que hacer. Pero saberlo y no hacerlo es una gran tragedia que provoca la atrofia del espíritu humano. Todos los días sé de personas que se sienten llamadas a hacer algo bueno y saben lo que es, pero desatienden esa llamada. Cuando hablan conmigo sobre lo que sienten que han de hacer, están muy animadas: sus ojos se iluminan y cambia toda su postura y disposición. Pero cuando les pregunto por qué no lo hacen, se desinflan. Siempre llegamos al hecho de que se sienten atrapadas por el dinero o las expectativas de los demás, pero principalmente es el miedo a la incertidumbre. Estos son obstáculos reales que sólo pueden superarse con las virtudes del valor, la fortaleza y la perseverancia. No será fácil, pero tienes que considerar la alternativa. Conocer tu misión y no seguirla es una de las mayores tragedias humanas.

El misterio de nuestra misión se nos va revelando poco a poco. Esta revelación se produce a medida que aplicamos lo que sabemos que es bueno y cierto en nuestras vidas. Si no usas la información que ya te ha sido revelada, el universo no te revelará más. Dirígete hacia tu misión y se te mostrará el paso siguiente. Empieza hoy. Puedes empezar haciendo alguna cosa buena que te sientas motivado a hacer. Cualquier cosa buena servirá. Cada día que pasa, aplícate en la tarea de hacer las cosas buenas que seas capaz de hacer y para las que crees que estás destinado, y tu corazón y mente empezarán a llenarse de una felicidad renovada y de pasión por la vida. Déjate guiar pacientemente desde lo general hasta lo específico. Con el tiempo, empezarás a descubrir que tu misión única empieza a emerger. Acéptala y celébrala. George Bernard Shaw, el dramaturgo irlandés, escribió: «Esta es la verdadera felicidad de la vida, ser utilizada para un propósito que para ti sea importante».

Descúbrete a ti mismo

Crecí en un barrio de las afueras de Sydney, Australia, y mi infancia está llena de buenos recuerdos, pero hay unas pocas experiencias que destacan, no porque fueran divertidas, sino porque me ayudaron a forjar mi visión del mundo. Cuando tenía diecisiete años, Justin, un amigo de la familia, me llamó un día y me preguntó si podía dedicarle un par de horas el domingo por la tarde. No vivía muy lejos de nuestra casa y al domingo siguiente me presenté en la suya tal como le había dicho.

Empezamos a caminar por la calle y me explicó que íbamos a visitar a unos amigos suyos. Anduvimos como unos tres kilómetros hasta llegar al otro barrio, donde había una residencia geriátrica. Entramos y se dirigió al mostrador donde estaban las enfermeras; le oí que le explicaba a una de ellas que habíamos venido para visitar a algunas personas mayores que no solían recibir visitas. La enfermera le miró con cara de sospecha, pero le indicó una de las alas del geriátrico.

Entonces Justin sacó una caja de bombones del abrigo de su chaqueta y entró en una de las habitaciones. En la habitación había cuatro camas y cuatro hombres. Les saludamos y empezamos a distribuir los bombones. Uno de ellos se animó a iniciar la conversación mientras los otros miraban con desconfianza.

Fuimos de una habitación a otra y pasamos entre diez y quince minutos en cada una. Les dábamos bombones y hablábamos con ellos. Muchos no habían recibido ninguna visita en meses, y todos tenían historias que contar sobre sus vidas y sus lugares de procedencia. A veces costaba iniciar una conversación, pero en la mayoría de los casos bastaba con preguntar: «¿De dónde eres?»

Me sentí extraño e incómodo. El tiempo pasaba despacio y no veía el momento de terminar la visita. Al final terminó.

De regreso a casa, Justin me explicó lo solas que se sentían esas personas y cómo las había abandonado la sociedad. Nuestra visita lo había puesto de manifiesto. «¿Vas a menudo?», le pregunté. Me dijo que nunca había estado en esa residencia, pero que de vez en cuando intenta visitar alguna residencia distinta.

A la semana siguiente volvió a llamarme y a preguntarme si me gustaría acompañarle de nuevo. Le dije que estaba ocupado. A la semana siguiente volvió a llamar. Yo le dije que tenía otros compromisos. Él siguió llamando, y al final accedí. La siguiente vez me sentí más cómodo con las personas mayores. Empecé a hacerles preguntas. Justin seguía llamándome y la mayor parte de las veces le daba alguna excusa, pero en algunas ocasiones le acompañaba. En los meses siguientes visitamos unas cuantas residencias de la zona, y pude darme cuenta de las grandes carencias que existen en la comunidad de los mayores. No puedo recordar cómo se produjo la transición, pero con el tiempo acabé yendo yo solo. De vez en cuando intentaba arrastrar a alguno de mis amigos, y los que aceptaban sólo iban una vez.

Hice amistades entre los ancianos y empezaron a contarme sus historias. Eso era una educación que el dinero no podía pagar, y sus historias empezaron a calar hondo en mí. Las profesiones y las guerras, el levantar familias y perderlas, la enfermedad y la salud, el amor y el desamor, la riqueza y la pobreza, la aventura y la rutina, esos hombres y mujeres lo habían experimentado todo y estaban más que complacidos de compartirlo conmigo. De hecho, necesitaban contar sus historias, y mientras lo hacían, sus rostros empezaban a brillar y sus ojos centelleaban.

Estos hombres y mujeres tuvieron una enorme influencia en mi vida. No puedo decir que realmente disfruté con esas visitas. Tenía que obligarme a ir, pero sabía que me sacaban de mi pequeño mundo egocéntrico para lanzarme al mundo de los demás. Nunca superé el sentirme nervioso y asustado al entrar en esos lugares, pero me forzaba a hacerlo, y conseguía aunar el valor suficiente que tan útil me fue luego para viajar por todo el mundo. Aunque no disfrutaba yendo a las residencias, siempre me sentía bien cuando había finalizado. Regresaba a casa con una felicidad que no podía proceder de ninguna de las otras cosas que hubiera estado haciendo. Hoy sé que esas visitas a las residencias de ancianos me estaban enseñando y formando de muchas formas de las que en aquellos tiempos no era consciente. Pero lo más importante es que me estaban enseñando el poder del servicio en nuestra búsqueda de quién realmente somos y de lo que hemos venido a hacer. En el lugar donde estamos, a nuestra manera, todos tenemos infinitas oportunidades de servir. Es demasiado fácil quedarnos atrapados en nuestro pequeño mundo. El servicio nos saca de nuestra absorbente obsesión con nosotros mismos y nos abre las puertas del mundo de los demás.

Me gustaría compartir otra historia de los barrios de las afueras de Sydney. Poco antes de las Navidades de 1922, cinco hombres de negocios australianos regresaban de un viaje a las Montañas Azules. Hablaban de si *todos* estarían disfrutando del espíritu navideño. Uno de ellos le preguntó a los otros si eran conscientes de que la pobreza y la necesidad rodeaban las áreas donde tenían sus fábricas. Los otros cuatro se sorprendieron al oír ese comentario, y un par no se lo creían. El hombre que sacó a relucir el tema instó a los demás a que comprobaran si lo que decía era cierto, y todos acordaron encontrarse en un *pub* una semana después para tomar una cerveza y compartir lo que hubieran averiguado.

Los otros cuatro hombres se quedaron atónitos ante el gran número de niños y familias pobres que descubrieron, no en un país extranjero, sino casi en el jardín de su casa. Cuando el grupo volvió a reunirse una semana después, los hombres acordaron unánimemente que tenían que hacer algo al respecto. Decidieron que, como mínimo, todos los niños deberían disfrutar del espíritu navideño. Así que empezaron por los orfelinatos de la zona donde los niños vivían sin el cariño de una familia y les llevaron regalos y caramelos.

Cuando los hombres llevaron los alimentos y regalos, la directora del orfanato les preguntó sus nombres para que los niños pudieran mandarles cartas de agradecimiento. Queriendo permanecer en el anonimato, uno de ellos respondió:

—¡Hum... Smith!

—¿Y los otros? —preguntó la directora.

—¡También son Smith! —replicó el hombre—. Todos somos Smith. La Familia Smith.

Actualmente, La Familia Smith es una de las principales organizaciones benéficas de Australia, y sus cinco fundadores siempre permanecieron en el anonimato. Durante los últimos ochenta años, la organización ha seguido revisando las necesidades de los niños y familias necesitados y ha respondido a ellas.

Durante la Depresión de finales de la década de 1920 y principios de 1930, La Familia Smith aportó alimentos y ropa a miles de hombres, mujeres y niños a medida que aumentaba el desempleo. En 1933, cuando la fiebre reumática se convirtió en un problema sanitario grave que estaba afectando a los niños, La Familia Smith reaccionó ante las necesidades de las familias de refugiados que huían de las guerras de Vietnam y Timor y apoyó a los residentes de Darwin, al norte de Australia, para que se recuperaran de la devastación del ciclón Tracy. Durante las décadas de 1970 y 1980, La Familia Smith gastaba más que nunca en ayudas económicas directas, en muchos casos a familias que habían estado ayudando durante generaciones. Preguntaron a sus beneficiarios de qué modo les podían ayudar a poner fin a una situación de desventaja generacional. Éstos respondieron: «Ayudadnos a ayudar a nuestros niños a que tengan una educación». En 2006, más de 23.500 alumnos de toda Australia recibieron becas de educación de La Familia Smith.

¿Habrían podido imaginar alguna vez esos cinco hombres lo que iban a desencadenar? No lo creo. Ellos hicieron lo que pudieron, cuando pudieron y donde pudieron. John Wesley escribió: «Haz todo el bien que puedas, por todos los medios que puedas». La mayoría de las personas se quedan atónitas al ver de lo que son capaces una vez que han empezado a tomarse en serio las dos primeras etapas de su misión. Al esforzarnos por llegar a ser lo mejor que hay en nosotros e intentar de una manera activa que el mundo sea un lugar mejor, la mayoría de las personas pueden tener una gran influencia positiva.

Cosas sorprendentes empiezan a suceder cuando hacemos lo que se supone que debemos hacer. Todos hemos de encontrar una forma de servir. Siempre que puedo, intento evitar la palabra *debe* cuando escribo, pero aquí hago hincapié en ella. Albert Schweitzer, el médico misionero germano-francés y premio Nobel de la Paz en 1953, expresó la misma idea: «Estoy seguro de una cosa. Los únicos que serán realmente felices son los que hayan buscado una forma de servir».

El principal cambio en la mayor parte de nuestras vidas se producirá cuando decidamos abrirnos totalmente al servicio. En el momento en que el diálogo interno pasa de la pregunta: «¿Qué hay aquí para mí?» a la pregunta: «¿Cómo puedo ayudar?», empezamos a movernos rápidamente en la dirección del descubrimiento de nuestra misión en la vida. Hasta que no se produce este cambio, es imposible llevar a cabo nuestra misión, y por lo tanto, lo más probable es que el universo la mantenga oculta.

Tengo un amigo en Nueva York que es una de las personas más ocupadas que conozco. Tiene sus propios programas de radio y de televisión, escribe libros, y apoya numerosas obras benéficas participando directamente en las mismas. Aparte de estos compromisos están su familia, sus amigos y las constantes exigencias sociales de su profesión, y ya tienes a un hombre muy ocupado. Hace diez años que le conozco y cada vez que hablo con él por teléfono o le veo personalmente, nuestra conversación siempre termina con la misma pregunta por parte de él: «¿En qué puedo ayudarte?»

Al principio pensaba que simplemente lo decía por educación, pero con el tiempo, a medida que le he ido conociendo mejor y que sé cómo vive, me he dado cuenta de que vive para servir a los demás. Me ha enseñado a ver desde fuera mi propio papel y responsabilidad como líder. Ha impreso la pregunta en mi mente y en mis conversaciones con otras personas. Ahora me acerco a las personas con la pregunta en mi mente de «¿Qué puedo hacer para ayudar a esta persona?» Te recomiendo que también añadas esta pregunta a tu diálogo interior. En tus actividades cotidianas empieza a preguntarte cómo puedes ayudar a las personas que se cruzan en tu camino o qué servicio puedes prestar en las situaciones que se te presentan.

Algunas tradiciones orientales lo llaman la ley del dharma. *Dharma* es una palabra sánscrita que significa el «propósito de la vida». La ley del dharma sugiere que cada ser humano adopta esta forma física para cumplir un único propósito. Se cree que conseguimos este propósito centrándonos en lo que hemos venido a hacer aquí.

La forma más segura de encontrarte a ti mismo no es hacer un viaje exótico a una tierra lejana. Quédate donde estás. Estás donde estás ahora por alguna razón. Descubre esa razón antes de irte a otros lugares. El servicio es la vía más segura de descubrir esa razón. El servicio nos proporciona la ruta más directa para llegar a conocer quiénes somos y para qué estamos aquí. Al cambiar nuestro enfoque de lo que podemos conseguir a lo que podemos dar, nos abrimos a una vida de servicio. El universo nos revelará libremente nuestra misión cuando perciba que estamos dispuestos a servir.

¿A quién servirás? Algunas personas pasan toda su vida sirviéndose a ellas mismas, a sus mezquinos intereses y deseos egoístas. Puedes medir la grandeza de una vida viendo a qué y a quién sirve. El servicio es esencial si realmente buscas una felicidad duradera. Mucha gente y los pensadores de casi todas las corrientes filosóficas parecen estar de acuerdo con esta verdad universal:

> El servicio es el alquiler que pagamos por vivir.
> Es la finalidad de la vida, y no algo que haces
> en tu tiempo libre.
>
> MARIAN WRIGHT EDELMAN

> Un corazón generoso, de habla amable, y una vida
> de servicio y compasión son las cosas que renuevan
> la humanidad.
>
> BUDA

> No conozco a ningún gran hombre que no se haya
> entregado al servicio de la raza humana.
>
> VOLTAIRE

> Todos podemos ser grandes personas porque cualquiera
> puede servir. No necesitas un título universitario para servir.
> No necesitas hacer concordar el sujeto con el verbo
> para servir...
>
> MARTIN LUTHER KING JR.

> Cuanto más sirves a los demás, más realizado te sentirás
> en la vida.
>
> DR. BERNIE SIEGEL

> Todos tenemos un propósito en la vida, que trasciende
> nuestros intereses y gratificaciones inmediatos,
> aunque con frecuencia no lo descubrimos.
>
> JOHN MARKS TEMPLETON

> El destino más elevado de todo ser humano es el servicio.
>
> ALBERT EINSTEIN

DESARROLLA UN SENTIDO SALUDABLE DEL YO

Dar la espalda a una vida de servicio es dar la espalda a nuestro propio yo. El servicio es la propia esencia de nuestra identidad como seres humanos, y descuidar nuestra capacidad de ser útiles a los demás es una de las formas más seguras de sentirnos miserables y de vivir en la desesperación silenciosa. Esto lo vemos claramente en muchos jóvenes de nuestra cultura actual.

He observado que los jóvenes de hoy están promoviendo inconscientemente un egocentrismo que puede paralizar por completo el espíritu humano. Lo que estoy a punto de describir *no se puede aplicar a todos* los jóvenes, y por supuesto, existen varios niveles, pero puede aplicarse a suficientes de ellos como para empezar a cuestionarnos algunas de nuestras suposiciones.

Cuando nacen nuestros hijos, los cuidamos, protegemos y los adoramos en exceso. Esto es normal, porque están indefensos y necesitan que hagamos esto por ellos. Pero cuando crecen, les consentimos demasiado y los malcriamos. Siempre les estamos diciendo lo monos que son. Les compramos lo que quieren para que no nos monten ningún numerito y muchas veces dejamos que se comporten de malos modos. Quizá sea porque nos sentimos culpables por no tener suficiente tiempo para estar con ellos. Quizá sea porque no tenemos bastante energía, o porque recordamos una educación demasiado estricta. Pero el resultado es que estamos privando a nuestros hijos de oportunidades, a veces pequeñas pero valiosas, de dar carácter a sus jóvenes personalidades. Antes de que nos demos cuenta, ya entran en la pubertad y las hormonas los dominan. Esto parece una etapa todavía más conflictiva, y hay momentos en que lo único que queremos es estar en paz, por eso toleramos arranques de genio y otras conductas que normalmente no aguantaríamos. Les dejamos su espacio y nos decimos que es una etapa. Ahora ya van al instituto y les pedimos que se concentren en sus estudios para que puedan acceder a una buena universidad. Ellos se aprovechan de esto de todas las maneras posibles —seamos claros, tú y yo también lo haríamos—, entonces nos dicen que están sometidos a mucha presión con tantos deberes y compromisos, y tragamos, les damos más libertad y menos responsabilidades en el contexto de la familia y de la comunidad. Por último los enviamos a la universidad. Para entonces ya han tenido un buen aleccionamiento sobre la filosofía cultural de «nunca más volverás a tener cuatro años como éstos en tu vida, así que disfrútalos. Es tu momento de pasártelo bien, no lo malgastes». Algunos utilizan este tiempo sabiamente, pero muchos otros no, y tarde o temprano la mayoría acaban graduándose. Sin embargo, han sido educados para centrarse sólo en sí mismos. Nosotros les hemos enseñado. No debería sorprendernos que a veces estén tan interesados y absortos en sí mismos que sean incapaces de reconocer las necesidades ajenas, porque generalmente están absortos en ellos mismos.

Al mismo tiempo oímos que educadores, padres y consejeros siguen pregonando que los jóvenes padecen niveles cada vez más elevados de baja autoestima. ¿Por qué? ¿Qué es lo que puede hacer que los jóvenes se sientan realmente bien respecto a ellos mismos? No es la ropa de marca ni veranear cada año en los lugares de moda. Ni siquiera sacar notas excelentes en los exámenes o destacar en el deporte. La confianza puede proceder de estas cosas, pero la autoestima y la seguridad no son lo mismo. Entonces, ¿cuál es la fuente de la autoestima?

La autoestima y contribuir están íntimamente relacionados. Ponemos mucha energía en lo que llevan y consiguen nuestros hijos, pero muy poca en ayudarles a comprender quiénes son y por qué son realmente importantes. Estamos obsesionados con ayudarles a encajar en la sociedad y prácticamente obligarles a olvidar su necesidad legítima y real de sentirse bien consigo mismos.

Hemos traicionado a nuestros jóvenes al no haberles inculcado la comprensión de la importancia del servicio en la ecuación de la felicidad humana. No les hemos enseñado a servir. Les hemos enseñado a centrarse en lo que pueden obtener en lugar de en lo que pueden dar. La única razón válida que encuentro para este error es que nosotros mismos también hemos perdido de vista el enorme papel que desempeña el servicio para una felicidad duradera en la vida. Pero lo cierto es que probablemente todo se reduzca a restricciones prácticas, como el hecho de que hoy en día en la mayoría de las familias, trabajan el padre y la madre.

Demasiadas veces como sociedad sólo nos interesan las ventajas personales que podemos obtener de una situación. Demasiadas veces los derechos del individuo se celebran a expensas del bien común. Demasiadas veces abogamos por la autodeterminación y descuidamos el hecho de que nuestros destinos están unidos. Demasiadas veces dejamos que el interés propio gobierne nuestros corazones, mentes y espíritus y descuidamos las necesidades de las personas que nos rodean.

La octava lección
para una felicidad duradera es:

Céntrate en lo que has venido a dar

Concentrarnos en lo que hemos venido a dar es el camino del descubrimiento de nuestra misión en la vida y la forma de alimentar nuestra autoestima.

Cuando era pequeño, mis padres me enseñaron que nunca debía ir a casa de otra persona con las manos vacías. Pero esto es una lección de la vida, no de etiqueta. Las flores, una botella de vino son costumbres de la etiqueta, pero un cumplido, una oración también son regalos en la vida. Nuestros regalos no tienen por qué ser caros. De hecho, los mejores regalos son los que no se compran. Quizá podemos dar alguna palabra de ánimo o simplemente transmitir nuestros mejores deseos para ese día. De esta forma tan real, repetitiva y práctica, empezamos a aprender a centrarnos en lo que hemos venido a dar.

En los momentos de silencio, cuando estamos solos con nuestros pensamientos y recuerdos, todos necesitamos sentirnos bien con nosotros mismos, tanto si somos jóvenes como viejos. Todos tenemos una responsabilidad personal de hacer lo que sea necesario para sentirnos bien en esos momentos de silencio. Al que hemos de convencer es a nuestro oyente interior de que estamos usando nuestras vidas de la manera correcta. Has de poder mirarte a los ojos cuando te mires en el espejo y gustarte. Observa que no he dicho que has de ser capaz de mirarte *a ti* en el espejo. Seguro que habrá algo que no te gusta o que preferirías cambiar sobre tu aspecto físico, pero has de ser capaz de mirarte a los ojos y gustarte tal como eres.

La autoestima es esencial para la felicidad duradera. El servicio es la forma más segura de construir un sentido del yo saludable, pero hemos de discernir a quién y a qué servimos. Este discernimiento procede de haber aplicado las nueve lecciones para una felicidad duradera en nuestras vidas. Si una lección se queda aislada del resto, en lugar de ayudarnos a convertirnos en la-mejor-versión-de-nosotros-mismos, hacer demasiado hincapié en la misma puede conducirnos a una distorsión de nuestro carácter. Centrarnos en lo que hemos venido a dar es una forma de forjar nuestra autoestima y felicidad duradera en nuestras vidas, pero sólo es una entre nueve. Repasemos un momento las lecciones anteriores:

1. Celebrar nuestro progreso.
2. Hacer la siguiente cosa correcta.
3. Anteponer el carácter.
4. Descubrir lo que te gusta y hacerlo.
5. Vivir según tus creencias.
6. Ser disciplinado.
7. Simplificar.
8. Centrarte en lo que has venido a dar.

Cada una de estas lecciones, si las aplicamos a los momentos prácticos y a las decisiones que tomamos en nuestra vida, nos ayudará a desarrollar un sentido saludable y equilibrado del yo. Con el tiempo, a medida que empiezas a vivir las lecciones para una felicidad duradera, aprendes a ver tus aspectos buenos y malos, fuertes y débiles, la predisposición o la falta de ella. A medida que maduras como persona, ayudas a los demás a ver y a vivir estas lecciones. De hecho, cuanto más enseñas a otros a vivir estas lecciones, más capaz eres de aplicarlas en tu propia vida. Por lo tanto, incluso al vivir las lecciones, el mejor resultado no se encuentra cuando nos centramos en nosotros mismos, sino cuando dirigimos nuestra gentil mirada hacia otros y nos preguntamos: «¿Cómo puedo ayudar a esta persona a convertirse en lo mejor que hay en ella?»

Hellen Keller observó: «Muchas personas tienen una idea incorrecta de lo que supone la verdadera felicidad. Ésta no se consigue a través de la autogratificación, sino a través de la fidelidad a un propósito que merece la pena». Mientras esperamos a que se revele ese propósito que merece la pena, descubramos una forma de servir aquí y ahora. El servicio conseguirá persuadir más que ninguna otra cosa a que se nos revele nuestra misión.

Contribuye o perece, éste es uno de los principios fundamentales que rigen el universo. Lo observamos de miles de formas distintas en la naturaleza, y somos testigos del mismo en las vidas de las personas. La pregunta que hemos de plantearnos es: ¿cuál será mi contribución?

Descubrir nuestra misión en esta vida es fácil y difícil a la vez. Requiere empezar de inmediato y esperar pacientemente. Es sencillo, porque con unos pocos momentos de reflexión todos podemos descubrir cosas que podemos hacer hoy mismo que nos ayudarán a ser mejores. Esto es así, sencillamente porque las necesidades de otras personas suelen ser evidentes, y nuestra capacidad para ayudarlas es enorme. Pero también es complicado porque hay tanta necesidad que no podemos satisfacerla toda. Es complicado porque sentimos que hemos de desempeñar algún papel especial. Empieza hoy haciendo lo que puedas con tus medios, dondequiera que te encuentres. Concéntrate en lo que has venido a dar, y con el tiempo se te revelará tu misión única.

Aplica tu octava lección para una felicidad duradera:

CÉNTRATE EN LO QUE HAS VENIDO A DAR

Aplicaré la octava lección para una felicidad duradera en mi vida dando los pasos siguientes:

1. Buscaré activamente mi misión en la vida de estas cuatro formas: eligiendo la-mejor-versión-de-mí-mismo en cada momento, haciendo lo que pueda donde estoy ahora para que otras personas también puedan celebrar lo mejor que hay en ellas y conseguir que el mundo sea mejor, tratando de averiguar de qué forma mis talentos y pasiones se pueden poner al servicio de las necesidades de los demás, y escuchando la voz de Dios en mi vida.

2. Seré consciente de las necesidades de los demás en mi comunidad y en lugares a los que no suelo ir. Utilizaré una parte de mi tiempo, destrezas y bienes a satisfacer las necesidades ajenas y a aliviar el sufrimiento en el mundo.

3. Desarrollaré un sentido del yo saludable poniendo en práctica mi mejor habilidad para ser lo que marque la diferencia en la vida de otras personas. Me recordaré que cada oportunidad de servir es también una oportunidad de desarrollar la virtud. Al mismo tiempo procuraré no perderme en las necesidades insaciables de los demás y me

aseguraré de que tengo tiempo para satisfacer las mías: física, emocional, intelectual y espiritualmente.

4. Me centraré en lo que he venido a dar, y en lugar de centrarme en la pregunta «¿Qué hay aquí para mí?», lo haré en «¿Cómo puedo servir?» Cada mañana, mientras me ducho o me voy a trabajar, me preguntaré: «¿A quién puedo dedicar hoy este día?»

9

¿Por qué preocuparse?

Cuando era adolescente, mi dormitorio estaba justo al otro extremo del pasillo que llevaba a la habitación de mi hermano mayor Andrew. Para su decimotercer cumpleaños, le regalamos un equipo de música que podía hacer más ruido que todos los electrodomésticos de la casa juntos, y para afianzar su condición de hermano mayor, ponía su estruendosa música para que todos la oyéramos, o la sufriéramos. Uno de sus grupos favoritos eran los británicos Dire Straits. Solía poner el álbum *Brothers in Arms* una y otra vez. En aquellos tiempos, a mí Dire Straits me importaba muy poco, pero años después, cuando empecé a viajar, me di cuenta de que tatareaba algunas de sus canciones. Y un día compré ese mismo álbum en una tienda de música de un aeropuerto. Hablo de todo esto porque la última canción del álbum es *Why Worry* [¿Por qué preocuparse?]. Y la preocupación es el último obstáculo para la felicidad duradera. La canción habla de que los problemas en nuestra vida y en el mundo son inevitables. También nos recuerda la esperanza que nos guía en los momentos de oscuridad. Después del dolor habrá risas, brillará el sol después de la tormenta. Siempre ha sido así, entonces, ¿por qué pasar tanto tiempo y gastar tanta energía preocupándonos?

Las cosas de las que nos preocupamos

Deja este libro sobre la mesa y dedica unos minutos a hacer una lista de todas las cosas que te preocupan en tu vida. Empieza a escribir sobre las cosas que te preocupaban empezando por las de cuando eras pequeño, hasta llegar al instituto y la universidad, luego las que te preocupan de tus relaciones, vida profesional, economía, salud y bienestar, de las personas a las que amas. Incluye también las cosas que te preocupan respecto a encontrar ese delicado equilibrio entre aceptarte tal como eres y el reto de lo que eres capaz de llegar a ser. Escríbelo todo. No tienes por qué hacerlo en un orden concreto; sólo empieza a escribir.

Nos preocupamos de muchas cosas, ¿verdad? Ya lo sé. Algunas noches me echo en la cama y mi mente empieza a acelerarse pensando en las cosas que he de hacer o en lo que he de decir a otras personas. Luego empezaré a crear diferentes escenarios para cierta situación. Y puesto que, como ya he admitido antes, siempre tiendo hacia lo negativo, antes de darme cuenta ya me he ofuscado. Tengo que hacer una pausa conscientemente y recordarme que me estoy imaginando todas esas situaciones, que no son reales. Lo hago recordándome que en el pasado nunca han salido del modo en que esperaba.

No se si te habrás dado cuenta, pero muy rara vez las cosas salen tal como esperábamos. Y la forma en que creemos que saldrán las cosas es nuestra principal fuente de preocupación. Entonces, ¿por qué preocuparse? Por supuesto, la razón es que queremos controlarlo todo. La preocupación crea la ilusión de que podemos controlar algún elemento. La preocupación no resuelve nada, sólo nos convence de que estamos haciendo algo respecto a una situación que está totalmente fuera de nuestro control. La realidad es que generalmente tenemos poco o ningún control sobre las cosas por las que nos preocupamos. Si tuviéramos control sobre ellas, actuaríamos. Nos preocupamos porque no podemos actuar.

La preocupación es autoengaño. La preocupación suele generarse a raíz de nuestra mala disposición a admitir que somos impotentes ante una situación o circunstancia.

Pero decirle a la gente que no se preocupe es como decirle que no piense en un elefante blanco. Cuántas veces oigo: «No sirve de nada preocuparse» o «Preocuparte no va a cambiar nada». Por ciertas que sean estas palabras, no sirven para que las personas cambien por completo y digan: «Tienes toda la razón. No me preocuparé más».

Las situaciones que nos ponen nerviosos o que hacen que nos sintamos incómodos y las que son descorazonadoras son parte inevitable de la experiencia humana. Todos hemos de conseguir una forma de mantener nuestra paz interior incluso en medio de esas circunstancias. De lo contrario la preocupación será como un ladrón que nos roba la paz mental y cualquier oportunidad de gozar de una felicidad duradera.

Hace varios años estaba en la iglesia escuchando el mensaje de Navidad, y hubo unas palabras que me emocionaron de forma especial. Desde entonces, han sido el centro de mis reflexiones en muchas ocasiones, porque hablan de algo contra lo que todos luchamos, y quizás algo contra lo que yo lucho más que otras personas. Estas fueron las palabras que me conmovieron esa noche: «Tenemos miedo porque no sabemos *cómo* van a salir las cosas, pero las cosas *se resolverán* de todos modos».

A veces pienso en las cosas por las que he pasado tantas horas preocupándome, para que al final no salieran como yo pensaba, pero lo cierto es que de algún modo se resolvieron. Ahora hace ya muchos años, estuve saliendo con una hermosa joven, pero por una serie de circunstancias lo nuestro no funcionó y rompimos nuestro compromiso. Recuerdo que me sentí triste y perdido. Me pareció un gran desastre. A medida que fue pasando el tiempo, cada vez he ido viendo más claro que nuestras vidas se unieron en aquellos momentos por un motivo, pero no era el del matrimonio. Si dedicamos algún tiempo a recordar las cosas que nos han preocupado, nos daremos cuenta de que rara vez han salido como habíamos imaginado, pero de todos modos se resolvieron.

No quiero decir que no tengamos problemas, suframos y muramos, porque estas cosas son reales. Sin embargo, son una parte de nuestra experiencia, de ese viaje, y del proceso de llegar a ser lo mejor que podemos ser.

La preocupación es una de nuestras barreras psicológicas que hemos de aprender a dominar si queremos experimentar felicidad duradera. No es una de esas cosas que podamos superar de una vez por todas. Es más como una adicción que hemos de ir superando día a día, situación a situación, y cuando las cosas se pongan realmente feas, momento a momento. Al igual que gran parte de lo que hemos hablado en este libro, no hay respuestas o soluciones fáciles a nuestra lucha contra la preocupación. Este es un trabajo del alma, y el trabajo del alma requiere tiempo y esfuerzo constante. Sin embargo, hay algunos pasos muy prácticos que podemos dar para evitar quedarnos paralizados por la preocupación, pasos que también fomentarán una gran sensación de paz interior y felicidad duradera.

Este es el problema

«La vida es difícil». Esta es la sencilla verdad que lanzó M. Scott Peck en el escenario del mundo. Cuando empezamos a reflexionar sobre ello es casi un eufemismo de lo evidente, pero cuando escribió estas palabras a finales del siglo XX, la gente estaba embriagada con la exuberancia de la paz y la prosperidad de Occidente, y había empezado a pensar que la vida sería o debería ser fácil.

En el matrimonio, en la profesión o en los negocios y en la salud y el bienestar los problemas son inevitables. Sin embargo, muchas veces parecemos anonadados, atónitos, sorprendidos, y generalmente parece que, cuando se presentan, siempre nos pillen desprevenidos. Nos engañamos a nosotros mismos convenciéndonos de que no nos pasará a nosotros, sólo a los demás. El problema no es que haya problemas. El problema es que pensamos que no debería haberlos. Subconscientemente, solemos fomentar la expectativa de que la vida ha de transcurrir sin problemas, fingiendo que no existen, o sorprendiéndonos cuando hacen su aparición.

No estoy sugiriendo que deberíamos ir a buscar los problemas. Sin embargo, me gustaría sugerir que éstos ocupan un lugar en nuestras vidas. Se producen por circunstancias que a veces son evidentes cuando suceden y que a veces no se nos desvelan hasta que han pasado años. El modo en que hacemos frente a los problemas inevitables de nuestras vidas puede afectar al grado de felicidad que experimentemos cada día. Si tratamos un pequeño contratiempo como si fuera una grave crisis, siempre nos estresaremos. Por ejemplo, yo viajo mucho. Mis empleados y amigos te dirán que puedo ser un poco quisquilloso. Me gusta la organización y, como a muchas personas, me gusta lo que me gusta. Pero cuando viajas estás a merced de muchas circunstancias que no puedes controlar. Por eso he de sentarme y conseguir «sintonizar con mi estado de ánimo de saber fluir»; de lo contrario, dejaré que me afecten hasta las cosas más insignificantes, lo cual es agotador y merma mi capacidad de disfrutar.

La mayor parte de las cosas que me afectan no tienen la mayor importancia. Sospecho que a muchas personas les pasa lo mismo. En el gran esquema de las cosas, no quitan ni ponen rey. En muchos casos, simplemente se trata de una cuestión de preferencias. Pero una vez que he empezado a mosquearme, si alguien me dice que me relaje, me enfado todavía más. Me saca de quicio. Sé que el otro tiene razón. Sé que me estoy torturando porque tenía la falsa expectativa de que todo tenía que salir como esperaba. Pero como ya he mencionado, las situaciones casi nunca suceden como uno espera. En realidad son nuestras expectativas las que nos torturan. ¿Quién crea estas expectativas? Nosotros. Nosotros elegimos nuestras expectativas. Nosotros elegimos volvernos locos.

Cada día nos enfrentamos a nuevos problemas. El médico va con retraso y has tenido que esperar una hora. Se ha cancelado tu vuelo. Tu hija se ha puesto enferma y has tenido que pedir fiesta en el trabajo para cuidarla, pero también has de terminar un proyecto. Tu hermano y hermana están discutiendo e intentan implicarte en su discusión. Acabas de poner fin a una relación y te estás planteando tus opciones...

Cada persona tiene formas diferentes de responder a los problemas de la vida cotidiana. Otras los exageran. Se dejan arrastrar por la inmensidad del problema que han exagerado. Otras se los buscan. Encuentran su identidad a través de los problemas y elijen el papel de víctimas sufridoras. Cuando te las encuentras y les preguntas cómo están, siempre tienen algún problema o enfermedad. Otras personas parecen enfrentar calmadamente los problemas sin decir nada. Otras simplemente se cierran ante los mismos y son incapaces de actuar. Y por último están los seres menos comunes, que parecen responder a todos los problemas, grandes o pequeños, con una calma que parece tranquilizar a los demás. Pueden enfrentarse a sus problemas, evaluar la situación y empezar a solucionarlos.

Los problemas son oportunidades para forjar nuestro carácter. Los problemas a los que nos enfrentamos cada día nos dan la oportunidad de abandonar nuestros egos y preferencias personales para aumentar nuestra paciencia y flexibilidad. Los problemas son uno de esos caminos hacia el crecimiento personal que el tiempo ha demostrado que funcionan. Los periodos más significativos de nuestro crecimiento interior suelen ser aquellos en los que nos enfrentamos a problemas. De hecho, la mayoría no somos conscientes de la necesidad de crecer hasta que nos enfrentamos a los problemas. Los tiempos de paz y prosperidad suelen hacer que las personas y las naciones se aletarguen, incluso que se vuelvan perezosas. Pero en los momentos difíciles, las personas responden a la ocasión y dan lo mejor de sí mismas.

Por propia experiencia he podido comprobar que hombres y mujeres pueden soportarlo prácticamente todo siempre que sea en pro de una meta que valga la pena. La pregunta sobre la que hemos de reflexionar es: ¿tienen un fin los problemas que experimentamos en nuestra vida, o simplemente son un error en el diseño cósmico y en la experiencia humana?

Cada problema que se presenta en nuestra vida es para enseñarnos una lección. Las lecciones se pueden entender sólo con relación a nuestro propósito esencial, que es llegar a ser la-mejor-versión-de-nosotros-mismos. Cada vez que nos enfrentamos a un problema, deberíamos preguntarnos: *¿Qué puedo aprender de esta situación? ¿Cómo puede ayudarme a ser la-mejor-versión-de-mí-mismo? ¿Qué virtud en particular puede ayudarme a reforzar este problema?*

El sufrimiento es inevitable. La primera de las cuatro nobles verdades de Buda es: «La vida es sufrimiento». No hemos de salir a buscarlo, porque éste nos encontrará a nosotros, en mayor o menor medida. Pero el sufrimiento cobra sentido cuando lo vemos con relación a nuestra meta. Un atleta soporta sufrimiento al entrenar porque siempre tiene presente su meta. El sufrimiento es el fuego que purifica el oro de tu carácter.

No puedes evitar los problemas ni el sufrimiento, pero sí las lecciones que han venido a enseñarte. Entonces, ese sufrimiento no ha servido para nada. Es como un hombre que va al gimnasio y levanta pesas durante horas cada día, pero no sabe la forma correcta de hacer cada ejercicio. Dedica horas, sufre, pero está peor que antes de empezar, porque ahora se ha lesionado.

Añade esto a la lista de cosas que sabes con certeza: van a surgir problemas. La naturaleza y la magnitud de los mismos variarán día a día, año tras año, pero cada día nos encontraremos ante situaciones que no nos gustan y que no son como esperábamos. Bueno, ahora que sabemos que los problemas son inevitables, deberíamos empezar a prepararnos para responder pacientemente y con calma cuando se produzcan

El problema no es que haya problemas. El problema es que no estamos lo suficientemente preparados para los problemas que sabemos que son inevitables. Sabemos que se acerca la tormenta. Puede que no sepamos cuándo llegará o cómo será, pero sabemos que se acerca. La mejor preparación para las tormentas de la vida es forjar el carácter virtud a virtud.

Si quieres conocer a alguien, si realmente quieres conocer a alguien, no te formes una opinión sobre esa persona por lo que dice o hace mientras vive tranquila y con prosperidad. Es fácil ser amable y paciente cuando no tienes el viento en contra. Todos sabemos que las circunstancias no hacen a la persona, sino que la revelan. Tomás de Kempis escribió: «Los tiempos de adversidad muestran quién es más virtuoso. Las circunstancias no hacen frágil a una persona, pero muestran abiertamente cómo es».

Controla el presente, crea el futuro

La lección que hemos de aprender aquí es la acción tranquila. La inquietud interna suele sumarse a la inquietud externa que traen los problemas a nuestra vida. A fin de hacer frente a los problemas del modo que sea más beneficioso, necesitamos paz y tranquilidad interior. Desde esa paz interior surgirá la acción sosegada. ¿Has observado alguna vez que hay personas que durante una crisis pueden permanecer tranquilas, evaluar las circunstancias objetivamente, proponer una solución, tratar bien a la gente, animarla y participar con una respuesta sosegada y comedida? También vale la pena observar que los que son capaces de hacerlo son a veces las personas que menos esperas. Una persona que anteriormente pensabas que era callada, tímida e incluso poco sociable puede de pronto mostrarse con una gran capacidad para resolver problemas. La razón es que durante muchos años ha ido desarrollando una profunda reserva de paz interior, tan profunda que la agitación externa no puede alterarla. La calma interior produce la acción sosegada.

La acción sosegada nos permite manejar con eficacia el presente y crear el futuro. La calma y la claridad interior son las raíces de la acción sosegada. Veamos de qué modo podemos empezar a crear esta paz interior.

Nuestras vidas avanzan a un ritmo tan imparable en esta era moderna que rara vez nos paramos a reflexionar antes de tomar decisiones en nuestro día a día. Cuanto más rápidas y ocupadas transcurren nuestras vidas, más confiamos en nuestras respuestas condicionadas. Al decidir qué hemos de comer o beber, solemos delegar esa decisión a un hábito ya creado. Éste no es más que un ejemplo de cómo respondemos a ciertas situaciones. Si alguien no es como nos hubiera gustado, quizá le gritemos o le cerremos la puerta en las narices, o quizá respiremos profundo y empecemos a hablar tranquilamente de nuestros planes para una contingencia. Sea cual fuera nuestra respuesta, es probable que la hayamos practicado unas mil veces antes. No es que nos sentemos a pensar qué es lo que ha sucedido y que luego empecemos a gritar. La forma en la que respondemos a tantas situaciones cada día es más una reacción que una respuesta razonada.

Para responder de formas más saludables para nosotros y para los demás, hemos de tener tiempo para reflexionar antes de encontrarnos en esas situaciones. Una vez que estamos atrapados en el momento, es más probable que reaccionemos y no que reflexionemos. Con el tiempo, a medida que somos más conscientes de la duración de nuestro fusible y de cómo reaccionamos según la circunstancia, podremos empezar a desarrollar la habilidad de detenernos (controlar nuestras respuestas condicionadas), respirar profundamente, evaluar la situación y luego responder (creando una respuesta nueva y más positiva). La diferencia entre reaccionar y responder es que la reacción es automática cada vez, mientras que la respuesta es específica para cada situación.

Demasiadas veces cometemos el error de pensar que lo que nos hemos de preguntar es: «¿Qué he de hacer?» A veces —más de las que piensas— la pregunta es: «¿He de hacer algo?» A veces lo mejor es no hacer nada.

En este libro he estado explorando el equilibrio entre aceptarnos tal como somos y el reto de cambiar y crecer. En este contexto, el gran reto es discernir qué partes de nosotros mismos hemos de aceptar y cuáles se han de cambiar. Es el mismo tipo de equilibrio que buscamos entre saber cuándo hemos de actuar y cuando hemos de dejar que las cosas se resuelvan por ellas mismas. Hay una oración que habla de este dilema y que ha traspasado las barreras confesionales y religiosas para llegar a ser una de las más utilizadas hoy en día. Millones de personas la repiten cada día en todo el mundo:

> Dios, otórgame el valor para cambiar las cosas que puedo cambiar, la serenidad para aceptar las que no puedo cambiar, y la sabiduría para reconocer la diferencia.

Este es el equilibrio que buscamos: la coexistencia de la acción y de la no acción. El equilibrio que permite que la serenidad, el valor y la sabiduría cohabiten en nuestro corazón y dirijan las acciones de nuestras vidas. Es esta serenidad, valor y sabiduría lo que propicia la acción sosegada. Pero, en general, nuestros corazones y vidas están repletos de inquietud en vez de serenidad, de miedo en lugar de valor, de ignorancia en vez de sabiduría.

A veces cuando leemos, algunas palabras nos conmueven. Resuenan tan hondo en nuestro interior que hacen que echemos mano del freno. En algunas ocasiones cuando firmo libros después de alguno de mis seminarios, llega alguien con un libro muy usado y leído. Cuando ojeo las páginas, veo las frases y párrafos que ha subrayado. Siempre me fascina ver qué palabras han llamado su atención.

Casi no hay ningún día en que no lea algo que me anime o me plantee un reto, pero pocas veces me he encontrado con unas palabras que me hayan hecho detenerme a reflexionar como durante mi primera lectura de *Cartas a un joven poeta*. A finales de 1902, Franz Kappus, un estudiante aspirante a poeta, escribió una carta al renombrado poeta alemán Rainer Maria Rilke. La carta tardó varias semanas en llegar a Rilke, que en aquellos momentos estaba trabajando y viajando por el extranjero, pero cuando la recibió, respondió con bastante extensión y detalle a las preguntas que le había planteado Kappus. Así empezó una gran amistad por correspondencia que duró más de cinco años. En su cuarta carta, Rilke escribe algo al joven poeta que habla directamente de nuestra lucha por hallar el equilibrio entre el discernimiento y la decisión, entre actuar o esperar, entre el presente y el futuro:

> Ten paciencia con todo lo que todavía está por resolver en tu corazón e intenta apreciar las *preguntas por ellas mismas* como si fueran habitaciones cerradas y libros que están escritos en una lengua extranjera. No busques las respuestas, que no se te pueden dar ahora porque no serías capaz de vivirlas. La cuestión es que has de vivirlo todo. *Vive* ahora las preguntas. Quizá gradualmente, sin darte cuenta, en algún momento del futuro estarás viviendo la respuesta.

Aprender a apreciar las preguntas en sí mismas. Esto es algo que nuestra cultura adicta a la información ha perdido, valorar simplemente la pregunta y el misterio.

Tengo un diario que lo llamo mi Libro de los sueños. En él escribo sobre los lugares que me gustaría visitar, las cosas que me gustaría hacer, los libros que me gustaría leer, las cosas que me gustaría tener y las cualidades que me gustaría poseer. Pero también escribo mis citas favoritas o pensamientos específicos que me llaman la atención. En una página escribí esto en grandes caracteres: «Aprende a disfrutar de la incertidumbre. La incertidumbre es señal de que todo va bien. Dios es tu amigo y el universo también. Entre ambos se ocuparán de los detalles». Esta es una de las grandes contiendas que libro en mi corazón. Hace unos pocos años, cuando escribí esta cita, me di cuenta de que estaba tan acostumbrado a tener planificados mis días, semanas y meses que en muchos aspectos había perdido mi capacidad de disfrutar de la incertidumbre y de actuar espontáneamente. Fue mi reflexión en el aula del silencio la que me permitió darme cuenta de esto y poder transformar este aspecto de mí mismo y de mi vida.

Sólo en el aula del silencio podemos recobrar la calma y la claridad que nos permite saber cuándo hemos de esperar pacientemente y cuándo hemos de avanzar con impaciencia. Cuándo hemos de hacer planes con diligencia y cuándo hemos de vivir espontáneamente. Es en el silencio de nuestros corazones donde aprendemos a manejar con calma el presente y a crear apasionadamente el futuro. Esta calma y claridad es la que nos permitirá darnos cuenta de qué es lo que hemos venido a hacer y qué es lo que más importa. Entonces encontrar nuestro lugar en el mundo y empezar a cumplir nuestra misión no será más que una cuestión de tiempo. Un hombre o una mujer que dedica parte de su tiempo a la reflexión silenciosa para hallar sinceramente su lugar en el mundo no pasarán desapercibidos. Primero vendrá la paz interior, luego el deseo de servir, y por último, una maravillosa claridad respecto a nuestro propósito. Guiados por esa calma y claridad, empezamos a influir en aquello que hemos de influir, y sólo entonces empezamos a *conseguir* un verdadero efecto.

Franz Kafka, el poeta y filósofo checo, lo expresó de este modo:

> No es necesario que abandones tu habitación. Permanece sentado en tu mesa y escucha. Ni siquiera has de escuchar, simplemente espera. Ni siquiera has de escuchar, sólo apren-

de a estar en silencio, en quietud y en soledad. El mundo se te ofrecerá libremente para que lo desenmascares. No tiene elección, se rendirá en éxtasis a tus pies.

A las personas que más admiro en mi vida son a las que me han enseñado a estar en silencio, en quietud y en soledad. En varias partes de este libro he intentado transmitirte su sabiduría donde me ha parecido más apropiado. No quiero ni pensar en la desesperación silenciosa que habría experimentado de no haber hecho hincapié en la importancia de aprender a sentirte bien contigo mismo y de apreciar el silencio y la quietud.

No podemos descubrir quiénes somos realmente y para qué hemos venido —no podemos ser nosotros mismos— en medio del ruido y la confusión del mundo. Siempre que puedas has de retirarte al aula del silencio y volver a conectar con quien realmente eres y con lo que has venido a hacer. Son estos momentos de silencio, de quietud y de soledad los que nos permiten dar sentido a la vida. Son grandes amigos nuestros —el silencio, la quietud y la soledad— y te conceden el don de la acción tranquila.

El reloj de la oportunidad

¿En qué estaban pensando cuando le pusieron el nombre de *alarm clock* [lit.: *reloj de alarma* en inglés, es decir, despertador]? *Alarma* sugiere susto, miedo, caos, confusión y catástrofe que se avecina. ¿Quién quiere despertase así cada mañana? A principios de este año fui a una cena con Ken Blanchard y cinco o seis ejecutivos más, y allí fue donde Ken acuñó el término de *opportunity clock, reloj de la oportunidad*. Me gustó. Cada día está lleno de oportunidades, pero demasiadas veces nos dejamos llevar por una conducta que reacciona frente a algo. Suena la alarma y nos levantamos. Suena el teléfono y contestamos. Y así sucesivamente. Este tipo de vida como a reacción, permite que aquello que suene más alto se apodere de nuestras vidas.

Cada mañana desde que nos levantamos hemos de tomar las riendas de nuestro día. Ahí es cuando hemos de adoptar la actitud de «fluir» para que los problemas inesperados que surjan durante el día no hagan que nos equivoquemos, pero también es cuando hemos de decidir la dirección y la agenda del día.

Soy mejor persona cuando empiezo lentamente el día. Todos tenemos un yo reflexivo y hacedor. ¿Qué es lo que crees que se despierta antes? El yo hacedor quiere que empecemos a correr haciendo cosas desde que ponemos un pie en el suelo. La mayoría de las personas se sienten tan arrastradas por ese yo hacedor que hasta media mañana, o incluso media tarde, no son conscientes de que existe su yo reflexivo. El yo hacedor hará el trabajo, pero si no consultamos con el yo reflexivo es muy probable que lleguemos al final del día y descubramos que lo hemos llenado de cosas inadecuadas. Parecían urgentes, pero no eran realmente importantes.

El yo hacedor sacrificará tu tiempo de hacer ejercicio para responder a correos electrónicos que podían haber esperado. El yo hacedor se saltará una comida y se atosigará de comida basura para conseguir adelantar más en el trabajo. El yo hacedor restará importancia al aula del silencio, diciéndote: «No tienes tiempo para esto. ¡Tienes cosas que hacer!»

Has de empezar el día poco a poco. Vete a la cama media hora antes y levántate media hora antes. Lee y reflexiona. Te sorprenderá ver cómo cambia tu enfoque y tu energía durante el día. Esta es la forma de calmar la acción.

Cada mañana antes de ir a alguna parte, me recluyo en mi centro de gratitud. Cuando no me siento agradecido, es que estoy bastante mal. Para mí, el nivel de gratitud es una forma bastante buena de medir mi salud mental, física y espiritual. Cuando siento gratitud, nada me preocupa; las pruebas y los inconvenientes de todos los días me resbalan. Pero cuando pierdo mi gratitud interior, las cosas más insignificantes me vuelven loco. No, deja que vuelva a decirlo correctamente: cuando pierdo mi gratitud interior, *dejo* que las cosas más insignificantes me vuelvan loco. Así que una parte de mis rituales matutinos es ir hasta ese centro de gratitud. Hay momentos en que el reloj de la oportunidad está desconectado y no quiero salir de la cama. Ese es un momento crítico del día, cuando experimentamos la primera victoria o la primera derrota. En ese momento, cuerpo y espíritu luchan por tomar el mando. De vez en cuando le digo a mi yo: «Seguiré acostado y haré mis ejercicios de gratitud». Otros días, cuando mi yo hacedor se apodera de mí, me digo: «Haré mis ejercicios de gratitud en la ducha o mientras conduzco para ir a trabajar». Esto son autoengaños. Mientras sucede esto, la voz interior me está susurrando: «Siempre te sientes más feliz y tienes un día mejor cuando dedicas diez minutos a sentarte en una habitación tranquila y haces tus ejercicios de gratitud». Pero he de reconocer que demasiadas veces desoigo esa voz interior, aunque nunca me ha engañado.

Puede que te estés preguntando cuáles son mis ejercicios de gratitud. Son muy sencillos. Empiezo con mi lista de gratitud, una lista de todas las personas, cosas y oportunidades por las que me siento agradecido. ¿Qué hay en la lista? Mi familia, mis amigos, la salud, la comida, la ropa, mi casa, mi coche, mi dinero, mi trabajo que da sentido a mi vida, mis empleados, el público, el despacho, nuevas oportunidades, los sueños, la fe, los libros, la música, las aptitudes y habilidades, los viajes, la naturaleza, etcétera. Al sentarme en silencio y sin moverme empiezo a reflexionar sobre cada una de estas cosas, dejo que las bendiciones del pasado y las posibilidades del futuro surjan de mi interior. En algunas ocasiones aparecen pensamientos negativos que intentan apartarme de mi meditación de gratitud, pero cuando me doy cuenta de lo que está pasando, procuro regresar inmediatamente al punto donde me había quedado de la lista de gratitud.

También la llevo en mi cartera porque si noto que voy a caer en un estado de irritabilidad, inquietud o descontento, así puedo dedicar un par de minutos a regresar a mi centro de gratitud. La gratitud es realmente importante para mí. Es una piedra de toque. Para ti puede ser diferente, pero mi experiencia me conduce a creer que cuando estamos en un estado de gratitud, todo brilla más.

Hace más de diez años escribí en uno de mis primeros libros: «La felicidad es el fruto del aprecio». Sigue siendo una de mis frases más valiosas y suelo utilizarla para dedicar libros. Si realmente buscamos la felicidad duradera, la dicha perenne, de la que hemos estado hablando, busquemos un momento al día para nuestros rituales y para recordar todo aquello por lo que hemos de dar gracias. Con la gratitud, nuestros corazones siempre se regocijan en la dicha.

La novena lección para una felicidad duradera es:

BUSCA PACIENTEMENTE LO BUENO EN TODOS Y EN TODO

Algunas personas parecen estar más predispuestas de forma natural a ver lo bueno que otras, y una vez más, he de admitir que yo no soy una de ellas. Un aspecto de mi trabajo es observar a las personas y a la sociedad para evaluar lo que no funciona en sus vidas y en nuestra cultura. El peligro que tiene esto es que puedo adoptar la costumbre de no ver lo bueno. Cada día he de recordarme que, a pesar del sufrimiento y el pesar que nos infligimos a nosotros mismos y a los demás, la vida es sorprendente y vivimos en un mundo verdaderamente maravilloso.

Buscar con paciencia lo que es bueno no siempre es fácil, especialmente cuando las cosas no salen como nos gustaría o cuando alguien nos hace mucho daño. Sin embargo, a pesar de todos los contratiempos y malestares, la vida merece la pena vivirse, y generalmente encontramos lo que buscamos. Los que creen que las personas son esencialmente buenas parecen más felices que los que creen que no lo son. Los que creen que van a sucederles cosas buenas suelen ser más felices que los que no lo creen. Y lo más importante: las cosas buenas suelen sucederles a las personas que creen que les van a suceder.

El problema de buscar pacientemente lo bueno en todas las cosas y en todas las personas es que no siempre lo encuentras. Una cosa es tener un espíritu optimista, pero otra totalmente distinta es ignorar el hecho de que existe el mal en nuestro mundo.

Hay acontecimientos que parecen ser manifestaciones puras del odio y del mal. Estas situaciones suelen ser diabólicas y carentes de todo bien. No debemos pretender que no es así. Cuando el mal visita nuestras vidas o las de nuestros seres queridos y nos preocupamos por ello, a nadie le ayuda pensar que eso ha sucedido por alguna buena causa. De esa horrible situación pueden surgir cosas buenas, pero eso sólo será porque gente buena restaurará la esperanza y el amor en las vidas de los que han sido perjudicados por el mal. Hemos de evitar la tentación de edulcorar la realidad del mal cuando nos confrontamos al mismo. Afortunadamente, la mayoría de las personas rara vez nos llegamos a enfrentar a una situación de tal magnitud.

Pero en una cultura extraordinariamente crítica y analítica, solemos señalar con demasiada rapidez las situaciones negativas y a las personas. La novena lección nos anima a que no vayamos tan rápido y a que celebremos el bien en todo y en todos.

Una de las formas muy prácticas en que vivimos la novena lección es cuando nos encontramos en una situación donde las ideas, opiniones y expectativas chocan entre ellas. La próxima vez que te encuentres en medio de una discusión o un enfrentamiento de opiniones con alguien, intenta identificar tres cosas en las que estés de acuerdo con esa persona antes de empezar a decir con lo que no estás de acuerdo. Cuando manifiestes tu desacuerdo, empieza hablando de lo que tienes en común con la persona con la que estás discutiendo. Demasiadas veces nos apresuramos a juzgar, a discutir y a pasar por alto todo lo que compartimos. Lo veo en los negocios y en las iglesias; lo veo en las escuelas y en la política. Si nos ponemos a practicar la novena lección para una felicidad duradera y buscamos pacientemente lo bueno de las personas y de las situaciones, empezaremos a celebrar cada vez con mayor frecuencia todo lo que tenemos en común. Esos puntos comunes serán el territorio que iremos expandiendo a medida que evolucionemos en entender las perspectivas y los puntos de vista de los demás de una forma nueva y dinámica. Son más las cosas en que estamos de acuerdo que aquellas en que no lo estamos, y sin embargo nos apresuramos a discutir.

Empecemos hoy mismo a desarrollar la costumbre de ver lo bueno en todo y todos. Eso no significa que siempre vayas a encontrarlo. De vez en cuando te sentirás decepcionado. Pero hemos de esforzarnos para hacer que esta sea nuestra primera tendencia, nuestra postura natural. En la mayor parte de los casos creo que encontramos lo que buscamos. La otra opción está plagada de problemas personales e interpersonales. Si no intentamos ver el lado bueno de las cosas, siempre veremos defectos en todo y en todos. Esta actitud fomenta la enfermedad, la insatisfacción y la inquietud interiores que tarde o temprano se manifiestan en nuestras vidas, ya sea como un problema de salud, la ruptura de una relación o la insatisfacción laboral. Tarde o temprano, todo lo que hay en nuestro interior busca su expresión externa.

¿Es fácil fomentar esta actitud de intentar ver lo bueno? No. Pero es posible. No busquemos lo fácil. Busquemos con valentía lo que es posible. Y con el tiempo y la práctica, todos los buenos hábitos nos resultarán más fáciles de ejercitar. Ralph Waldo Emerson escribió: «Aquello en lo que persistimos se vuelve más fácil; no es que cambie la naturaleza de la tarea, sino que aumenta nuestra habilidad para realizarla». Esto es cierto y se puede aplicar a cada una de las nueve lecciones.

Busca pacientemente lo bueno en todas las cosas y en todos. Cuanto más busques, más encontrarás. Cuanto más encuentres, más lo emularás. Cuanto más lo emules, más inspirarás a otros a que también busquen lo bueno, lo auténtico, lo noble y lo hermoso en la vida y en los demás.

Aplica tu novena lección para una felicidad duradera:

BUSCA PACIENTEMENTE LO BUENO EN TODOS Y EN TODO

Aplicaré mi novena lección para una felicidad duradera en mi vida dando los siguientes pasos:

1. Seré consciente del tiempo y de la energía que dedico a la preocupación. Cuando me dé cuenta de que me estoy preocupando u obsesionando con una situación, intentaré alejarme de ella y plantearme con calma estas preguntas: ¿puedo hacer algo en esta situación? ¿Qué lección puedo aprender de esta situación? Si puedo realizar alguna acción positiva, la haré inmediatamente. Si la situación está totalmente fuera de mi control, intentaré aprovechar cualquier virtud que pueda conseguir de la misma.

2. Cada mañana adoptaré la actitud de «fluir» en mi interior y la fomentaré a través de las distintas situaciones que surjan a lo largo del día. Consciente de que las cosas rara vez pasan como esperamos, no me plantearé las situaciones con expectativas rígidas sino con una curiosidad saludable respecto al resultado. La incertidumbre es mi amiga.

3. Conseguiré la primera victoria del día levantándome de la cama en el mismo momento en que suene el reloj de la oportunidad. Una vez que me haya levantado y esté listo

para empezar el día, dedicaré un tiempo a reflexionar sobre el día que tengo por delante y me recordaré lo que más me importa. Resistiré a la tentación de dejar que mi yo hacedor me lance precipitadamente a las actividades que tengo que realizar. Conectaré con mi yo reflexivo haciendo las cosas pausadamente.

4. Buscaré lo bueno en todas las cosas y personas. A medida que pasen los días, iré buscando activamente lo bueno en las personas y en las situaciones. Cuando vea lo bueno, lo celebraré felicitando a las personas y expresando mi aprecio. De vez en cuando, me detendré a reflexionar sobre todo lo bueno que hay en mi interior y todas las cosas buenas que he hecho en mi vida y por mi vida. Hay momentos para reflexionar sobre las formas en las que podemos mejorar, pero tendré presente que ahora no es uno de ellos. Dedicaré este momento exclusivamente a celebrar el bien que hay en mi interior y a las formas en las que he compartido ese bien con los demás y con el mundo.

Epílogo

Hogar

Me encanta el sentimiento de regresar a casa. Cada año paso unos 200 días en la carretera, así que suelo experimentar ese sentimiento con bastante frecuencia. Tanto si me he ausentado para un par de días como para un par de semanas, siempre hay algo maravilloso en mi regreso al hogar, a mi espacio sagrado. No hay nada como ese sentimiento de regresar a casa.

Al haber nacido en Australia, nunca imaginé que viviría en otra parte, pero tras haber vivido varios años en Estados Unidos, aquí es donde está mi vida en estos momentos: éste es mi hogar. Siempre me parece maravilloso ver el puerto con el puente, la ópera y el paisaje urbano cuando vuelo a Sydney y visito a familiares y amigos en Australia. Los quiero y me encanta estar allí, pero al cabo de un par de semanas ya estoy deseando regresar a mi vida en Estados Unidos.

La felicidad es sentirse en casa con uno mismo, con quien eres, con el lugar donde estás y con lo que haces. Es ese cálido y reconfortante sentimiento de un entorno familiar y de la aceptación de los buenos amigos. Creo que si podemos alimentar ese sentimiento de estar bien con nosotros mismos, el resto viene por añadidura.

Estaba hace poco en Los Ángeles, en la clausura de una conferencia que había dado, cuando se pronunciaron unas palabras que me llamaron la atención de un modo poco habitual. La organizadora del evento citó las palabras de un poeta y orador, David Whyte: «Cualquier cosa o persona que no te ayude a sentirte vivo es porque no es suficiente para ti». Cómo me gustaría poder aceptar estas sencillas palabras con todo mi ser, y habiéndolas aceptado y celebrado en mi corazón, vivirlas en cada momento, para poder entregar mi tiempo y energía sólo a aquellas personas y pasiones que me hacen sentirme vivo, y ser capaz de dar la espalda a las cosas que me consumen, por pequeñas que sean.

Deja que esta idea sea tu guía. Todo aquello que te frene en convertirte en la-mejor-versión-de-ti-mismo, descártalo de tu vida... y todo lo que te ayude a conseguirlo, acógelo con todo tu corazón, mente, cuerpo y alma. Si quieres ser feliz, lo serás siendo tú mismo, no siendo como otro quiere, espera o desea que seas, sino convirtiéndote en tu maravilloso yo.

Tanto si la presente obra ha llegado a tus manos porque te la han regalado, te la han prestado como si la has comprado, estamos muy contentos de que la hayas leído. Creemos que estarás de acuerdo en que Matthew Kelly es una voz muy alentadora, y esperamos que compartas este libro y sus pensamientos con tu familia y amigos.

Si quieres escribir al autor, recibir gratis su boletín de noticias, *The Beacon,* recibir información sobre sus cursos y conferencias o invitarle a algún evento que vayas a organizar, puedes dirigirte a:

The Matthew Kelly Foundation
2330 Kemper Lane
Cincinnati, OH 45206

e-mail: info@matthewkelly.org
www.matthewkelly.org

Sobre el autor

MATTHEW KELLY es un orador y escritor internacionalmente conocido. Ha vendido más de un millón de ejemplares de sus libros, y su nombre ha aparecido en docenas de listas de los libros más vendidos, entre las que se encuentran las del *New York Times*, *USA Today*, *The Wall Street Journal* y *Publishers Weekly.* Entre sus títulos más destacados se encuentran *The Rhythm of Life* y *The Seven Levels of Intimacy.*

Durante los últimos diez años más de tres millones de personas de cincuenta países han asistido a sus conferencias y seminarios. Ha dado más de 2.500 discursos de apertura en diferentes organizaciones, entre las que se encuentran empresas de la Fortune 500, asociaciones comerciales nacionales, universidades, iglesias y organizaciones no lucrativas.

Kelly es también presidente de Beresford Consulting, Inc., una empresa de consultoría que se dedica a fomentar el trabajo en equipo. También es el fundador de The Matthew Kelly Foundation, organización no lucrativa cuya principal labor benéfica es ayudar a los jóvenes a descubrir su misión en la vida.